优财管理会计研究院推荐用书

MANAGEMENT
ACCOUNTING

管理会计
案例与解析

杨 晔 著

中国财经出版传媒集团
经济科学出版社
Economic Science Press

图书在版编目（CIP）数据

管理会计案例与解析/杨晔著．—北京：经济科学出版社，2019.3（2022.7 重印）
 ISBN 978－7－5218－0208－5

Ⅰ.①管… Ⅱ.①杨… Ⅲ.①管理会计－案例 Ⅳ.①F234.3

中国版本图书馆 CIP 数据核字（2019）第 014398 号

责任编辑：周国强
责任校对：杨晓莹
责任印制：张佳裕

管理会计案例与解析
杨　晔　著
经济科学出版社出版、发行　新华书店经销
社址：北京市海淀区阜成路甲 28 号　邮编：100142
总编部电话：010－88191217　发行部电话：010－88191522
网址：www.esp.com.cn
电子邮件：esp@esp.com.cn
天猫网店：经济科学出版社旗舰店
网址：http://jjkxcbs.tmall.com
固安华明印业有限公司印装
710×1000　16 开　13 印张　200000 字
2019 年 4 月第 1 版　2022 年 7 月第 6 次印刷
ISBN 978－7－5218－0208－5　定价：68.00 元
（图书出现印装问题，本社负责调换。电话：010－88191510）
（版权所有　侵权必究　打击盗版　举报热线：010－88191661
QQ：2242791300　营销中心电话：010－88191537
电子邮箱：dbts@esp.com.cn）

管理会计最大的挑战是如何将理论和实际相结合，为企业或者机构在经营和管理方面，提供最优化的决策、改进和战略。杨晔老师作为业界顶尖的专家，汲取多年的实战经验和教学研究心得，完成此书。此书包含了众多经典的案例，结合了管理会计近些年发展的热点和趋势，由浅入深，对于各个阶段的管理会计从业者和学习者都具有巨大的价值。

——伍迪，博士，美国注册管理会计师协会全球理事，
加州州立大学贝克斯菲尔德分校会计助理教授

自从2010年获得CMA（美国注册管理会计师）认证，管理会计使我从猩猩进化成人类，给企业和自己创造价值。杨晔老师讲授管理会计深入浅出，善用实例演绎管理会计的价值，帮助大家缩短这美妙的进化过程。

本人虽有华为、和黄、联邦快递三家世界500强的财务管理经验，但此书中丰富的案例仍然给我启迪。CMA管理会计能力框架是每个财务进阶应当掌握的功夫，而这本案例书是理解该能力框架的首选。

——简进波，CMA深圳精英俱乐部主席

本书融汇了杨晔先生在管理会计方面丰富的经验和深度的思考，可读性极强，案例充分展现了管理会计落地实践的价值，对提升企业财务和业务人员能力和水平有很大的帮助。

——刘畅，美国维益食品公司全球市场财务副总裁

有幸拜读杨晔老师撰写的管理会计案例集，这本书既接地气，又有温度，将管理会计的理论知识融入实际工作生活的案例中，给读者生动形象地展示了管理会计学不一样的视野。书中通俗易懂的案例，自然流畅的笔锋，展现了杨晔老师在管理会计领域多年积累经验的有感而发。感谢杨晔老师为管理会计领域做出的努力和贡献，为大家带来的这本佳作让更多的读者能理解并学习到管理会计的知识。

——全宇红，国投中鲁果汁股份有限公司财务总监

杨晔先生在本书中用 50 个案例，形象地展示了管理会计对企业发展和经营决策的重要价值。本书不仅内容引人深思，而且行文生动有趣，非常有助于银行人员认识和学习管理会计，提升业财融合的能力和水平。

——肖建国，中国建设银行内蒙古分行普惠金融事业部总经理

很多人询问：怎样才能学好 CMA？怎样才能快速地获得 CMA 的证书？其实在我看来学习并获得证书不是目的，只是记住理论而不知道如何将理论运用到我们的管理实践中，那就是舍本逐末了。所以学习 CMA 的关键是"用"，只有将 CMA 内容综合融入企业管理会计实践，分析、解决企业生产经营中遇到的实际问题，从而深入、全面、熟练、灵活地掌握管理会计知识体系才是其核心与根本。本书杨晔老师精选了 50 个真实案例，将理论融入案例，从案例中提炼理论，为每位读者清晰而直接地展现了案例式学习的魅力。

——肖潇雨，中国电子科技集团有限公司财务部监督处处长

2018 年是我国"以管理会计案例示范为补充的管理会计指引体系"建设的关键之年，看到杨晔老师的管理会计案例书，我非常惊喜。案例选题新颖，紧扣前沿，实战性强，是各行各业企业真实场景的再现。特别是老师从 CMA

管理会计的角度进行的精彩剖析，给读者带来了一种身临其境般体验管理会计工具和方法给企业创造价值的高端享受。

——黄辉，东风实业有限公司财务总监、正高级会计师

企业面临的经营环境越来越复杂，不确定性越来越高。企业战略的制定、行动方案的确定以及配合行动方案执行落地的绩效方案等企业管理的各个环节都需要各部门协同配合才能实现。财务部门作为关键的部门，财务人员必须扩展自己的视野和知识体系，深入业务端了解业务运营的本质。杨晔老师作为管理会计界知名的培训师，也作为优财学院的院长，深入研究许多企业的实战案例，运用管理会计知识，剖析各种运营场景，让读者深切理解到企业管理中管理会计的知识无处不在。看懂企业运营，实践管理会计知识，为企业发展创造价值，对于财务人员和管理人员来说这都是一本非常有帮助的扩展书籍。

——党莉芳，眉州东坡财务中心总经理

这是一本有价值的书，杨晔老师在管理会计领域精耕多年，授课经验丰富，实战案例信手拈来，在他的课堂上，不但能学到管理会计理论，还能听到案例背后的故事，每次听杨晔老师讲课都是一种享受。感谢杨晔老师的分享，使管理会计知识不再枯燥无味，使我们有幸管窥名家、名企。

——王艳，对外经贸大学国际商学院客座教授，CMA 认证讲师，
高级会计师，清沐企业管理中心创始人

杨晔院长以经济学散文的形式，把一个个鲜活的案例和故事，以通俗易懂的语言、深入浅出的方式娓娓道来。这里的管理会计理论和工具没有图表曲线、少用专业术语，能观察得到、且生动自然。通读本书，作者有感而发、

顺理成章，读者豁然开朗、恍然大悟。这是一本不可多得的拓宽管理会计视野的佳作。

——程飞，优财管理会计研究院秘书长

杨老师是我认识的为数不多的实战型老师，将复杂的事情用简单的案例表达出来是一种能力，这种能力是建立在对知识的深入理解中。杨老师的50个案例深入浅出地讲解不同知识点的应用，讲出了管理会计为企业提升价值的精髓。每一个案例都值得细细品味。

——李薇，优财管理会计研究院研究员、特约讲师

管理会计是一门综合的学科，需要学习者既深谙会计，更精通管理。这令许多人望而生畏，但其实正如许多学科一样，只要能够抓到窍门就能上手。本书正是这样的窍门，它以许多真实的故事为起点，引导大家如何正确观察、搜集、整理信息，做出企业重要决策，实现管理会计的真正价值，是一本不可多得的管理会计实用手册。它既可为 MACC（管理会计能力素质认证）、CMA 的学员提供真实的应用场景以加深理解，也可为企业管理者提供新的思路，是一本将工具与战略融为一体的案头书。

——浦军，对外经济贸易大学教授

序一　管理会计是企业发展的重要驱动力

近年来，管理会计在中国受到了足够的重视并获得了长足的发展。无论是政府、学校还是企业，都将管理会计作为企业和人员财务转型和业务能力提升的重要手段。在这样的大背景下，管理会计学习者迫切希望通过各种案例来了解管理会计，提高自己对管理会计的认识与水平。

管理会计是"管理"和"会计"的结合，企业要应用和实施管理会计，就不仅要关注管理层面，包括运营流程改进和人力资源优化等方面对会计职能的影响，而且也要关注会计层面，包括成本有效控制和财务全面分析等对管理层面的支持与提升，这就要求管理者对企业发展和管理进行客观的思考，并不断进行归纳和总结来帮助企业达到既定的战略和业务目标。在这个过程中，企业的管理者如果能够参考国内外企业成功或者失败的案例，并通过管理会计视角从中汲取它们的经验和教训，并与自身企业进行一定程度的嫁接，这无疑对企业的发展和提升有很好的帮助。

杨晔先生编写的管理会计案例，生动有趣不枯燥。本书结合50个案例，向读者展现了管理会计各个层面的技能、工具和思维，拓宽了读者用管理会计思考问题和解决问题的思路,同时能够引发读者进一步的思考。在案例中,管理会计中的"管理"和"会计"紧密结合,读者能够感到"管理"和"会计"密不可分,必须充分对这两个维度进行深入的思考,才能提升企业的决策质量和水平。本书的案例可读性很强,都是来自大家熟悉的企业或者商业经济现象,受众群体非常广泛。读者可以把这本书当成管理会计的入门书籍,通过这些案例的分析,体会到管理会计在价值创造中的重要作用。读者通过这些有趣的案例可以了解企业成功的经验和失败的教训,提高分析问题和解决问题的能力。

杨晔先生在管理会计领域耕耘多年,一直致力于管理会计的人才培育和发展,期望本书能够帮助更多读者了解管理会计,认识管理会计,并将管理会计应用到企业的经营实践之中,为企业创造更大的价值。

刘俊彦

序二　管理会计是会计职业的未来

财政部《管理会计应用指引》的颁布，为会计教育和会计职业发展提供了重要的学习方向和丰富的学习内容。管理会计现在已经成为会计人员必备的知识和技能，也必然将会成为会计职场上最核心的决策手段与工具。

管理会计从"管理"和"会计"两个维度出发，有效地将管理问题通过会计数字和分析进行展示，同时又将会计问题以管理的多元化视角进行呈现，充分体现了企业各个职能之间需要进行充分合作和协同，以全面的思维解决企业问题的重要性。这对于现在学习会计的学生和企业从事会计的人员提出了更高的要求，不仅要精通财务核算、熟悉税务业务，还需要熟练掌握管理会计来对企业经营和管理提出高质量的建议和意见，不断提升企业的财务管理能力和竞争力，成为企业不可或缺的专业性人才。

本书用通俗易懂的语言和案例的形式，向广大读者介绍了管理会计的各项知识和应用，启发和开拓了读者的管理会计思维和视角，并且能够形象地思考管理会计在企业管理和决策中的重要作用。有的案例能够以小见大，例如用出租汽车司机的经营决策来分析管理会计中"边际贡献"的重要性，而有的案例又能和商业热点联系紧密，例如分析华为的成本控制政策来探讨成本管理对企业的重大影响。这使本书可读性很强，无论有无管理会计经验的人士，都能通过丰富多样的案例迅速理解管理会计的应用和价值，这也体现了本书作者杨晔先生在管理会计培训和教学领域中的丰富积累。

毋庸置疑，管理会计是会计职业的未来，如何通过纷繁芜杂的经济和商业现象，寻找到正确的规律和方法，并有效地应用到企业中去，是广大会计学子和会计从业人员都应当认真思考的问题，也是中国会计职业教育应当不断追求的目标和方向。积极拥抱管理会计，努力学好管理会计，充分用好管理会计，这不仅要求会计职能进行充分地转变，同时也要求会计人员持续拓展自身的能力水平。会计人员必须"长分析、懂决策、会管理"，有效地利用管理会计各项工具和技能，为企业提供更高质量的会计服务和财务建议。只有这样，会计人员才能够真正实现在职场的价值提升。

希望本书能够给读者带来有意义的管理会计阅读体验，更希望广大读者在读后能够在学习和工作中应用管理会计，不断进步！

张 懿

序三

自 2012 年初担任 IMA（美国注册管理会计师协会）中国首席代表以来，我从事管理会计推广工作已经有七年，结识杨晔先生也有五年多。收到杨晔先生的邀请来给他的管理会计案例集作序，我非常高兴又有些惶恐。以前我报名参加 2014 年 4 月 CMA（美国注册管理会计师）考试时，曾经利用职务便利到多个授权培训机构来听课。记得第一次课就是听杨晔先生讲的 P1 财务报表课程，我深深地被课堂上的管理会计案例讲解所吸引。后来就经常听杨晔先生的 CMA 认证考试课程、案例课程和管理会计继续教育课程，成为了杨晔先生的一名粉丝。杨晔先生多年专注 CMA 考试认证教育、管理会计知识普及和 CMA 的继续教育。他的诙谐幽默和旁征博引受到大家一致好评，我现在脑海中还经常呈现他在讲台上的形象和精彩案例内容。

如何更好地在中国推广管理会计，是我多年不断思考的命题。2012 年之前我没有参加过任何会计知识培训，也没有会计工作的背景，一直认为自己是会计行业的门外汉。加入 IMA 之后有机会深入了解管理会计的知识体系和 CMA 认证考试内容，发现以前工作中实际上大量地应用过管理会计，但没有意识到。通过报考 CMA 认证考试，我系统地学习管理会计的专业知识，深刻体会到管理会计在管理工作中的重要性和价值。现在我非常喜欢同认识或不认识的人谈论管理会计，发现不同环境下管理会计的应用，介绍管理会计的知识及作用，结识推动管理会计发展的同路人。人们对管理会计的热情是来自对它的了解，通过管理会计这个媒介，我非常有幸结交了杨晔先生等众多圈内好友。

如何界定管理会计一直为会计业界所热议，我作为一个非专业人士的看法希望同大家商榷。管理会计中的规划、绩效、控制和决策本来是管理议题，不应仅仅局限于会计，更不应该定义为会计的一个分支。涵盖上述议题的管理会计应该更广泛地被管理者所倚重和使用，为企业的健康发展奠定坚实的基础。非常期待更多的企业领导重视管理会计、学习管理会计和推广管理会计。我个人在不同时期的工作内容能够反映一些中国管理会计的发展过程，比如 2012～2013 年侧重宣传管理会计，2014～2017 年侧重 CMA 管理会计人才培养，2018 年之后侧重管理会计知识普及和管理会计服务市场的建立。

在当今快速变化的经营环境和就业环境中，管理人员和财会人员面临的挑战是非常巨大的。系统地学习管理会计能够培养全面的管理思维，有效地运用管理会计可以构建清晰的经营管理体系，全面地普及管理会计可以形成价值创造的语言、常识和文化。管理会计的认证、教育和服务有巨大的发展机遇和市场空间，它的发展也需要依靠管理会计。管理会计专业人才培养、管理会计普及教育和管理会计服务将形成巨大的生态产业环境，希望能够成就百万的就业岗位和千亿的市场规模。

非常期待这本管理会计案例集的出版，它将成为管理会计的热销书。

白俊江

自序　管理会计是企业价值创造和提升的法宝

一直以来，我都希望写一本管理会计的案例书，将"管理会计"这个现在热门的话题和商业、企业的管理运营实际相结合。经过近一年的时间，这本书终于完成了。

这本书是由 50 个管理会计实际案例构成，全部出自我的手笔，涉及了管理会计在成本管理和控制优化、财务分析与经营决策、供应链协调与投资管理、企业战略、预算与绩效和商业思维与价值创造等六大组成部分，每篇文章都针对商业、企业和社会所出现的产品、服务、现象或决策，从管理会计的技能、工具、体系或者思维的不同层面进行了分析。能够将管理会计与企业的经营决策结合在一起，并通过 50 个案例形式展现给广大读者，我觉得做了一件非常有意义的事，它让我感到快乐。

虽然管理会计被全面引入中国的时间并不是很长，但是却在短时间内迅速在全国的财务和管理领域普及开来，并受到企业的高度重视。这充分说明管理会计并不拘泥纯理论层面，而是能够和企业的各维度发展充分的融合，成为企业价值创造和提升的利器。在这个过程中，很多企业也惊喜地发现，以前在经营过程中所考虑并且实施的正确决策，恰恰是管理会计的经典工具和技能的集中反映，而以往在管理和发展过程中的失败和教训，也完全可以从管理会计的系统理论中找到原因和问题所在。管理会计给予了中国企业理论和实际相结合的重要视角，帮助中国企业真正能够理解"为什么做得对"和"为什么做不对"的问题，这样有效地避免了"拍脑袋"决策的尴尬局面。

管理会计虽然在中国是一个很新的领域，但是在美国和日本已经形成了非常成熟的理论和实践体系，企业的决策和发展大量依靠管理会计的判断和分析来进行支持，而领导者的管理会计能力和素养也成为企业核心竞争力的重要组成部分。西方大量的管理、财务和运营的理论和思维都与管理会计密不可分。美国企业所广泛运用的平衡计分卡绩效管理制度，日本企业推行的精益化生产和运营，德国中小企业聚焦特定利基市场成为商业"隐形冠军"，这些成功都和它们多年不断研究和摸索管理会计，并将管理会计积极应用到其经营和管理第一线密不可分。中国的企业如果能够积极研究这些国际性企业在过去的发展历程，充分理解管理会计在这些企业所起到的作用，并能将从这些案例中所获得的经验充分结合中国特有的商业实际，更好地帮助自己企业进行财务和非财务资源的规划、管理和控制。我认为，通过成功和失败的现实案例来表述、分析和分享管理会计的应用和思考，是学习和理解管理会计最直接和最有效的方法和手段。

在本书的50个管理会计案例中，并没有出现大量的计算和数据分析，这并不代表管理会计仅仅关注于定性的内容，事实上，管理会计非常关注定量的层面，并认为定量数据分析是任何一个管理会计分析师必备的技能。然而，当我们在思考和分析企业经营与管理问题的时候，我们却应当首先从问题的本质和成因切入，在充分理解商业和管理实质的基础上再进行有的放矢的数据分析，才能达到理想的效果。企业大量的管理、运营和财务问题，都是因为方向不清、目标不明或者商业逻辑混乱造成的，这些如果不通过管理会计的思维来进行纠正和改变，企业就会不断地在低效率和低效益的怪圈中打转，无法进行实质性的提升。本书的 50 个管理会计案例，涵盖了国内外企业的成功经验和失败教训，并通过管理会计的视角进行分析，目的就是让读者能够理解管理会计对企业经营决策的重要指导性作用，能够用管理会计思维去理解复杂多变的商业环境和企业问题，这样便于更好地寻找解决问题的方案与行动。

本书的顺利出版，离不开各方面的大力支持和鼓励。优财智业 CMA 培训中心的 CEO 张敏女士亲自过问本书的撰写和出版，给予了我巨大的精神支持和鼓励。我的两位敬业的同事——黄清和李怡萱，在繁忙的工作之余，一直坚持帮助我寻找最合适的案例、收集各个渠道的建议和整理书稿，用令人钦佩的工作态度和职业精神促成了本书的撰写和出版，我深表谢意和感动。同时也要由衷感谢经济科学出版社的编辑同志，经过你们耐心的编校，才使这本书能够出版。

我要感谢为本书作序的美国注册管理会计师协会亚太区总监白俊江先生、中国人民大学刘俊彦老师和北京经济管理职业学院张懿老师，作为我尊敬的管理会计领域的导师，你们一直不断为我在管理会计的研究和教学指明方向。本书在撰写过程中你们提出了大量中肯的意见和建议，令我受益匪浅。此外，也要感谢事先拨冗阅读本书并为本书做推荐的广大企业界和学术界的领导们，你们对本书的喜爱是对我工作最重要的肯定。

最后，衷心祝愿管理会计能成为企业价值创造和提升的法宝，谢谢大家！

杨 晔
2018 年 12 月 10 日于北京

目录 CONTENTS

第 1 部分 成本管理控制与优化

案例 1 用完全成本法和变动成本法理解企业去库存政策 / 3

案例 2 从"煎饼大妈"谈管理会计去复杂度问题 / 7

案例 3 对大野耐一丰田管控的管理会计思考 / 11

案例 4 有意识成本和无意识成本的管理 / 15

案例 5 从丰田对库存成本的认识谈管理会计多视角思维 / 19

案例 6 从企业开会时间谈显性成本和隐性成本管理 / 23

案例 7 从企业培养消费者习惯认识转换成本的重要性 / 27

案例 8 预防成本是质量成本的重中之重 / 30

案例 9 成本降低是企业的另类利润 / 33

第 2 部分 财务分析与经营决策

案例 10 从出租车司机的决策谈边际贡献分析的重要性 / 39

案例 11 从"先款后货,淡季打折"谈企业的业财融合问题 / 43

案例 12 从企业盈利视角谈会计利润和经济利润 / 47

案例 13 从 H 酒店的会员卡谈决策中的相关成本 / 50

案例 14 净资产回报率和企业内部价值创造 / 53

案例 15 净资产回报率和企业的外部价值展现 / 56

案例 16 从股市投资谈对市净率和市盈率的深入认识 / 60

案例 17 用本量利分析做管理会计的深入思考 / 63

案例 18 从表外融资谈管理会计对公司进行价值评估 / 66

第 3 部分 供应链协同与投资管理

案例 19 空姐乘坐网约车遇害事件中的供应商管理问题 / 71

案例 20 从手机的设计和功能谈管理会计中的研发为先 / 75

案例 21 从伦敦希斯罗机场旅客路线调整谈约束理论的应用 / 79

案例 22 从华为的"三把砍刀"谈管理会计的应用 / 83

案例 23 从科技驱动下的财务创新谈管理会计的核心问题 / 86

案例 24 从苹果的经营模式谈企业的外购管理 / 89

案例 25 从北京南站取消地铁安检谈流程再造的重要性 / 92

案例 26 从零库存和无库存谈对企业管理会计问题的正确认识 / 96

案例 27 标准化思维是管理会计的核心问题 / 99

第 4 部分 企业战略、预算与绩效管理

案例 28 从特价菜谈企业产品获利能力 / 105

案例 29 从某上市公司的股票回购谈企业应急规划的重要性 / 109

案例 30 从西贝莜面村的小沙漏谈例外管理 / 113

案例 31 从腾讯微信的应用谈客户获利能力分析 / 117

案例 32　从华为强调第三方研发谈平衡计分卡中的学习与成长 / 121

案例 33　从福耀玻璃美国工厂的劳资纠纷谈权威式和参与式预算编制 / 124

案例 34　从长生生物疫苗事件谈企业的财务价值和非财务价值 / 127

案例 35　从京东"PLUS 会员服务"谈企业业务模式设计和发展 / 130

案例 36　从"BAT 企业站队"谈进入壁垒问题 / 134

案例 37　从 3G 资本的标杆学习谈标杆分析的重要性 / 137

案例 38　前瞻力是经营者管理会计能力的综合反映 / 140

案例 39　"增"和"减"是增量预算的两个维度 / 143

第 5 部分　商业思维与价值创造

案例 40　从燕京啤酒和茅台谈企业成本领先和差异化的价值创造 / 149

案例 41　从滴滴打车的盈利模式谈边际收入和边际成本 / 152

案例 42　从统一的"老坛酸菜牛肉面"谈企业产品组合管理的重要性 / 156

案例 43　从成本和费用的区分谈企业成本管理 / 160

案例 44　"互联网+"下的管理会计新思维 / 163

案例 45　从企业领导者的经营决策谈管理会计运用的化繁为简 / 166

案例 46　从经常性的决策错误谈管理会计思维的培养 / 169

案例 47　从业务聚焦谈管理会计在营销管理中的巨大价值 / 172

案例 48　从理解管理会计基本技能谈更好地规划创业 / 175

案例 49　从管理会计基本技能透视"新商业模式" / 178

案例 50　道德和价值观是管理会计关注的重要问题 / 181

参考文献 / 184

后记　人人都是管理会计的实践者 / 187

第1部分 成本管理控制与优化

| 案例 1 |

用完全成本法和变动成本法理解企业去库存政策

"去库存"可以说是最近几年大家最耳熟能详的国家政策,从 2016 年下半年,国家就开始要求包括国企在内的广大社会企业积极去库存,提高企业经营业绩、激发企业活力。虽然"去库存"是非常口语化的表达方式,但事实上却蕴含了非常丰富的管理会计思维和内容,体现了我国高层决策者在成本管理、运营管理和财务管理等多维度基础上对中国经济和企业现有及未来发展的思考。

"去库存"看上去似乎内容很简单,企业把现有积压的存货赶紧卖出去,就能提高利润和现金流,对企业显然是非常有利的。不过,如果从财务会计和管理会计的不同视角来深入思考这个问题,特别是运用管理会计中"完全成本法"和"变动成本法"的知识,我们就能获得更加深入的理解和认识。

如果你没有接触过管理会计,可能会觉得"完全成本法"和"变动成本法"的名词非常深奥,但是实际上它们非常容易理解。所谓"完全成本法",就是产品成本要包括所有应当包括的部分,即变动成本和固定成本,这涵盖了投入的材料、人工、变动制造费用和固定制造费用。而"变动成本法"

下,产品的成本就仅仅包括变动成本(材料、人工和变动制造费用),而不包括固定成本(固定制造费用)。那么为什么会出现"完全成本法"和"变动成本法"?这和"去库存"政策有什么关系?且继续看下面的分析。

我们先谈"完全成本法"。首先以汽车制造为例。车企生产汽车,不仅需要投入物料、人工和水电费等变动成本,而且还会发生设施折旧和工厂租金等固定成本,这样才能进行批量生产。从这个角度来看,汽车的成本确实是由变动成本和固定成本共同构成的。如果车企能够将汽车顺利销售出去,那么无论是变动成本还是固定成本,都会作为销售成本进入利润表,关联到企业的经营业绩。但是如果汽车没有卖出去,变动成本和固定成本就不能进入利润表,而是会放在企业的资产负债表中的存货成本里面,这部分就不会影响企业的经营业绩。这就是"完全成本法"的基本内容,即产品的成本既包括变动成本也包括固定成本,财务会计也应用完全成本法进行对外财务报告的披露。

再看"变动成本法"。车企的汽车制造,如果从生产角度思考一下,我们就会发现,生产汽车的固定制造费用的发生,事实上和产量并无直接对应关系,车企当期无论生产100辆汽车还是1 000辆汽车,包括机器折旧和工厂租金的固定成本都在这个期间会发生。即使该车企这期一辆车也不生产,那么包括折旧费和租金的固定成本也要照发生不误。从运营角度来看,这更符合期间费用的性质。故此,这就形成了管理会计中"变动成本法"分析的背景基础。产品的成本包括变动成本,而固定成本被当作期间费用,一次性地放入利润表进行费用化处理。这从内部经营分析角度来说更加合理,毕竟固定成本的发生代表着企业财务资源当期流出,影响着企业的真实利润。而"完全成本法"和"变动成本法"的各自应用,会造成在财务会计下和在管理会计下企业利润计算的差异。我们思考一下,如果汽车没有卖出去,在完全成本法下,企业的一部分固定制造费用是随产品放在汽车存货资产里面,并没有进入利润表,而变动成本法下所有的固定制造费用都一次性进入利润表。在这样的情况下,通过"完全成本法"的财务会计利润显然会比通过"变动成本法"下计算的管理会计的利润高很多。

"完全成本法"和"变动成本法"下的各自利润差异说明了什么？在"完全成本法"下准备的财务会计利润报表,虽然符合财务准则的合规要求,但能完全反映企业真实的生产经营业绩吗？当然不能,这个利润仅仅是财务报告中的数字,而且还对企业真实利润有所高估。而运用管理会计思维,企业通过"变动成本法"做经营分析,将固定制造费用一次性地放入当期利润表,虽然这样获得的利润低,但却客观地反映出企业有存货,特别是过高存货情形下的真实经营业绩,更能够引起企业管理者和决策者对企业运营改善和提升的关注。而在日常工作中,我们往往只能看到企业在"完全成本法"基础上准备的财务会计利润,却很难看到企业在"变动成本法"下准备的管理会计利润,这就会非常影响判断。当看到企业财务会计利润很高,我们很容易倾向认为这些企业的经营令人满意。然而,通过上述分析,这种想法显然是不客观的。

充分理解了"完全成本法"和"变动成本法"后,再去看"去库存"的问题就比较清晰了。虽然过去很多生产制造型企业用"完全成本法"报告了较高的财务会计利润,但是如果它们改用"变动成本法"进行内部经营分析,考虑到大量的存货,企业真实业绩并不是报告得那么出色。甚至还有一部分实体企业的会计利润本身就较低,甚至是亏损,如果用"变动成本法"来进行分析,企业的实际经营就会显得更为糟糕。而"去库存"政策的实施,就是国家让企业能够正视这个问题,并通过国家政策支持、销售市场扩大和企业改善突破等多方面的努力,力求达到企业会计利润和真实业绩的统一。无论"完全成本法"还是"变动成本法",只要企业生产的产品都能够在当期销售出去,那么两者所产生的利润就没有任何区别。因为"完全成本法"下所有固定成本随着产品销售进入利润表的销售成本,而"变动成本法"下所有固定成本一次性进入期间费用,虽然二者处理方式不同,但是在两种方法下所计算的企业利润是一致的,这也能反映出企业如果经营能力不断提高,财务会计和管理会计视角下的利润将会进一步趋同。

"去库存"政策是我国政府在经济和商业发展决策中,充分运用管理会计思维,帮助提高企业经营能力和盈利水平的集中反映。也是管理会计理论学习中"完全成本法"和"变动成本法"在宏观经济决策方面的经典应用。毫无疑问,中国"去库存"政策的有效实施,将帮助广大企业提高真实经营业绩,优化生产效率和效益,为中国经济转型升级创造更大的价值。

| 案例2 |

从"煎饼大妈"谈管理会计去复杂度问题

最近看到网络流传着一个小故事,说一个白领青年,早上在地铁门口买煎饼,埋怨摊煎饼的大妈少给了他一个鸡蛋,然而大妈却怼了回去,说:"小伙子,我已经在这摆摊五年了,每月摊煎饼月收入三万元,怎么会少给你一个鸡蛋!"小伙子听后非常惊异,真没想到大妈靠摊煎饼能每月赚那么多钱。这虽然只是一个段子,但是它却蕴含着非常深刻的管理会计思维,这就是我们这篇文章要谈的通过产品和运营去除复杂度来提高经营业绩的问题。

首先思考一下,煎饼大妈为什么能赚那么多钱?是因为她学历高吗?不是。是因为她懂高科技吗?也不是。月收入三万元的真实原因是她能年复一年日复一日地坚持摊煎饼,把整个流程都做得非常熟练,然后最高效地把产品递给客户。而且,她不准备也不提供其他早餐,就只专注于摊煎饼,故此速度和效率都非常高。现在大家可能会觉得,早上地铁口买煎饼的人那么多,大妈做煎饼做得又快又好,每天又是起早贪黑,赚三万元似乎很合理啊。

然而,我们如果从管理会计角度分析,煎饼大妈月收入三万元,不仅是合理,也是必然!在成本管理的成本动因分析中,有一项叫结构性成本动因,其定义是"一项事务,或者一种运营方式,由于结构不同,会造成成本发生较多或者较少,进而影响业绩"。这里重点研究的就是我们要谈的复杂度问题。所谓复杂度,就是运营的结构和内容,如果很复杂,会造成效率和效益低下。反之,如果运营清楚明确,就会提高经营的效率和效益。当我们从这种复杂度专业的定义和结构性成本动因视角来深入审视煎饼大妈的早餐小摊的话,我们会发现,它完全符合低复杂度给运营所带来的各种好处:摊煎饼工艺简单,大妈对生产流程了如指掌,每天就做这一件事,招揽了更多的食客,就会赚更多的钱。

虽然我们现在谈到的仅仅是个煎饼摊,但是复杂度的概念,拓展到任何规模的企业都是完全适用的,也是极其重要的。例如,国际快餐巨头麦当劳,在企业运营的过程中,同样是应用到了去复杂度的概念。经营一家快餐店不难,难的是经营无数家快餐店,既要让产品做的口感一致,又要让服务速度非常快,让光顾各地连锁店的消费者感到产品服务没有任何差别,这就要下一番功夫了,无论从菜单和产品制作上都要仔细考虑去除复杂度的问题。大家去麦当劳,首先发现它的菜单非常简洁明快,只包括几种套餐,这让食客点餐的速度特别快,迅速地锁定了客户收入。而麦当劳的产品制造生产流程工序也很少,一般技术的员工就完全可以胜任,并可以在短时间内大批量进行生产加工,这极大地提高了生产效率,同时降低了人工生产成本,也可以从容应对就餐高峰期消费者的需求。故此,麦当劳成功的很重要的一个因素就是其高度优化了生产和运营的复杂度。反观我们的一些中餐馆,菜单厚厚一本,菜品琳琅满目,甚至食客坐下来二十分钟都没确定吃什么。好不容易点完菜,有些菜因为烹制复杂,久久端不上桌,厨师在里面着急,食客在外边着急,要求退菜、打折和投诉。而为了满足复杂的菜品需求,餐厅又要购入大量存货进行储备,这占压大量的经营资金,而没有消耗掉的原材料又不得不忍痛处理掉。故此,我们总是能看到中餐厅开起来后又倒闭了,业主换了一家又一家，但是结果都很惨淡，这其实就是反映了生产运营复杂度太高，造成企业生产成本高企，浪费过多，而客户决策慢和满意度低又造成收入惨淡，经营不下去是自然而然的事情。所以，去复杂度对于企业来说，是一个实际并需要仔细思考的管理会计问题。

那么如何通过去除复杂度来提高经营业绩？月收入三万元的煎饼大妈已经告诉我们，高效的生产流程和能吸引客户迅速选择产品是获利的关键。当然，对于众多大规模企业，产品不可能像仅仅由面粉、鸡蛋和油条组成的煎饼那么简单。但是去复杂度的思路仍然非常适用，企业应当深刻思考，生产出的一件产品，消费者最关注哪个部分和不关注的是哪些部分。针对最关注的部分，往往是产品差异化的体现，消费者愿意出溢价购买，那么设计和生产样式独特是可以接受的。至于消费者并不关注的部分，如果设计和生产非常复杂并与众不同，只会增加自己的成本和流程的复杂度，是得不偿失的。例如，一部手机，耳机的插孔可以设计在手机上部，也可以在手机下部，但是消费者真的介意插孔的位置吗？显然不介意。在任何大卖场，从来就没有见过一个消费者指定要耳机上插孔或者下插孔的手机，倒是苹果手机在更新换代的时候，把耳机插孔和充电插口合二为一了。特意考虑插孔位置只会造成手机生产商设计复杂，而推进到生产、库存和客户服务，又会因为设计原因造成各阶段成本相应提高，侵蚀了企业的利润。事实上，管理会计中经常探讨的企业要尽量消除不增值行为，和去复杂度是有很强的关联性的。如果产品的构成复杂并且成本高，而这些内容消费者又不关心不买账，那么企业就白白产生大量不增值成本，这无疑是管理的失误。故此，企业一定要充分考虑去除复杂度的问题，避免这些不必要的成本发生，才能真正做到效率提高和效益提升。

煎饼大妈的故事给大家上了一堂生动的管理会计课，也提醒企业要在设计、生产和客户服务方面多思考如何去除不必要的复杂度来提升运营能力和水平，降低成本和费用，从而改善企业的收入和业绩。管理和控制复杂度的能力是企业最重要的核心竞争力之一，我们应当多观察和思考国际和国内优秀企业在产品设计、采购、生产和销售的流程和做法，将先进的思路和经验移植到自身，努力降低运营的复杂度，从而达到企业经营不断持续改善突破的目的。

| 案例 3 |

对大野耐一丰田管控的管理会计思考

大野耐一的名字,可能对于很多人来说相当陌生。但是如果谈到大名鼎鼎的丰田汽车,大家都会表示知道,而大野耐一曾是丰田汽车公司的副社长,他在任上大力推进了及时生产和精益化生产的理念和实施,并奠定了汽车行业里程碑式的丰田生产方式(TPS),了解到这些大家就会对大野耐一感到由衷的敬佩。他在丰田推进的成本和运营控制思维,极大地提高了生产的效率和效益,提升了产品的质量和客户满意度,并深入地影响和丰富了现代生产管理内涵和外延。那么大野耐一的丰田管控思维能不能用管理会计来思考和解释呢?本文就对此进行阐述和分析。

如果大家对生产制造的历史有一些背景和基本了解,就知道在大野耐一的领导下,丰田率先创造和实施了及时生产,也就是实现了客户在下订单后,企业进行对应的生产和采购,平时少备或者不备存货,争取达到零库存的状态。大野耐一的及时生产的思维,如果我们用管理会计中经营财务分析视角来看,其实是落在重点强调优化企业的存货管理上面。存货虽然是企业不可或缺的流动资产,但是购置过多存货,而且存货积压,会极大影响企业的资金占用情况并导致企业运营效率降低,故此要通过各种有效方式进行优化。企业经营核心指标存货周转率的公式是:存货周转率 = 销货成本 ÷ 期初存货和期末存货的平均值，计算数值的高低体现了企业存货流转的速度和效率，企业必须不断地提高销售量，并且优化自身的持有存货，才能提升存货的流转，达到最高效运营的目的。而大野耐一的及时生产理念恰恰就根据这个思路而展开。一方面，客户既然已经订货，那么未来生产的产品就无悬念地转化为销售，销货成本成功降低；另一方面，订货后进行采购和生产的行动使在丰田的生产环节无论原材料、在制品和产成品库存都保持在最低的水平，这优化了年度存货平均值，两者共同作用，极大提升了存货周转率，解放了公司的资金，并让企业最高效地进行生产。大野耐一的及时生产的制造管理理念和管理会计中的财务管理理念实际上是不谋而合的。

大野耐一的及时生产，并不是仅仅停留在理念上，而且是建立在各种非常细致的管控思考上，无论从生产流程、生产效率和生产效益上，大野耐一都通过开创式的思维和行动来提升丰田的生产系统和竞争性。例如，他所提出的"在生产企业中，工人要少走动，管理者要多走动"的理念，看似非常简单，但是却是成本管理的核心反映。工人投入的生产成本是变动成本，如果工人无谓走动过多，将会提高产品对应的人工成本。故此，要充分考虑生产环节流程优化，减少工人的走动，提高生产效率，单位时间生产更多的产品，故此将产品的人工成本进一步降低。在制造管理中，我们经常所谈到的生产线距离优化，可视化看板的建立，其实很大程度都是因为"工人要少走动"思想的驱动，生产线距离拉近，工人可以通过看板了解生产预期和进度，就会专心生产，而不会进行多余走动和无意义的交流，这样能够有效降低产品的人工成本。而"管理者要多走动"反映了大野耐一对固定成本管理的思考，一个车间主任，如果仅仅坐在办公室里面发号施令，一方面无法发现生产经营问题，而另一方面，他的工资是生产产品的固定成本一部分，也因为无法对应到生产经营环节，而无法进行良好的评估和分析。大野耐一要求管理者要有一年跑坏几双皮鞋的准备，在生产车间多走访多监督，发现流程问题并及时解决，从管理会计视角，就是将管理者的固定成本通过他们频繁的现场走访，以作业成本法的思维分配到了工厂各个流程中去。如果管理者在某个流程观察监督思考多，那么这个流程的成本必然被分配的多，而这个流程也肯定需要管理者和工人一起进行改进和提高，以便能优化效率和效益。故此，大野耐一让管理者多走动，实际上是通过管理会计中的作业成本法和作业管理法来让固定成本真正能够对应到企业的运营环节，并发挥出更大的作用。

大野耐一在丰田的精益化生产实践中，核心就是不断去除浪费，并且非常重视细节建设和员工现场管理能力培养，这非常符合管理会计中的全员管理的思维。他曾经在一个工厂视察的时候，将上一个环节生产出来并推到下一个环节，但是下一环节并不马上需要的产品，又原封不动地移回上一个环节，让工人被这些产品围绕着一边思考一边生产，这使工厂的经理和职工感到很困窘，然而大野耐一这种严格的流程管控方式，让人虽然刚开始很难接受，但恰恰企业是最需要的，也是我们在运营过程中最应当深入考虑的管理会计细节内容。为了进行成本控制，我们往往会和供应商讨价还价降低成本、会分析产品成本的构成，这些显而易见的成本控制内容我们当然应当重视，然而我们却很有可能忽视了生产流程安排这种内在因素给成本带来的不利影响。在大野耐一眼中，下一个环节的工人其实是上一个环节生产工人的客户，既然客户不需要这个产品，那么上一个环节不按生产节拍和计划而将产品直接生产并供应过来就是对财务和物力资源的一种浪费，也相应加重了公司的成本，应当避免和禁止。在丰田的生产运营管控中，大野耐一从大局思考，从小处着手，着重培养工厂员工的流程优化和成本管控思维，让员工意识到问题和错误，在现场进行充分的思考，并提出各种改进的意见和建议，这是任何一个领导者在践行管理会计理论和实践中都应当学习的宝贵经验。

大野耐一为丰田汽车乃至汽车行业的精益化生产作出了不可磨灭的贡献，

他大量质朴的生产管控思维和理念也成为运营管理理论体系中无价的财富。同样，在管理会计层面，这位被誉为"日本生产管理教父"的大师所提出的及时生产理念、"零库存"构想以及现场管理系统等，也深刻地影响着企业成本管理、绩效管理和财务管理的各个层面。希望我们广大的管理会计学习者和爱好者能够多深入研究大野耐一的管理思想，并将其充分用于企业的管理会计体系建设和应用实践中去，推动中国的产业进步和管理创新。

| 案例 4 |

有意识成本和无意识成本的管理

在工作中,我们经常会接触到一些人力资源的惩罚政策,例如,为了解决办公室费用过高问题,人力资源部门宣布,离开办公室如果不关灯,则罚款 500 元。会议室用完如果不关用电器,罚款 1 000 元。然而,这样的政策似乎并没有良好解决所对应的问题,并且员工即使被罚款后,一段时间后仍然会出现类似的情况。从这个角度来说,企业的办公费用没有得到降低,而工作人员节约成本的意识也没有因此得到提升。那么原因是什么呢?

这就是本文所要谈及的有意识成本和无意识成本问题。从管理会计思维角度来看,成本的发生会因人的意识而驱动。所谓有意识成本,就是一些成本,如果相应人员能力和意识加强,则出现和发生就会大大减少。例如,企业新买的机器,要求工人上岗前要进行严格的培训,这就是增加这些人员对机器运行的理解能力和意识,故此在未来进行生产的时候,就会按生产操作要求合理使用机器,避免不合理的成本,例如误操作造成的额外维修成本的发生。无意识成本则和有意识成本完全不同,它不会因为人员能力和意识增强,而成比例或者大幅度降低。就像文章开篇所说的离开办公室要关灯,就是典型的无意识成本。大家可以思考一下,在生活中,即使父母跟你反复唠叨,让离开家时务必关闭电源,我们是不是也经常会忘呢?其实,这并不能怪我们自己忘性大，因为真正的原因就是这类问题与无意识成本有密切关联，以至于我们很容易忽视，从而造成浪费，甚至引发风险。因此，在成本管理中，将成本分为有意识成本和无意识成本是非常必要的。

针对有意识成本，企业应当设定正确的流程，清楚的操作要求，进行有针对性的培训，来提高员工的操作能力和意识，这样就可以大幅度降低成本的发生。日本的成本管理的核心要求是管理者一定要和工人交流清楚，如果工人有问题，务必要清晰明确地给予指示或者解答，这会很大程度保证在运营中有意识成本的优化和降低。在经营实践中，我们经常所谈到的流程需要不断分析和优化，标准成本通过作业法来进行优化和提高，招聘的工人要具备越来越高的教育水平，事实上都是管理有意识成本的具体反映，通过这些举措，企业运营的流畅程度越来越高，产品成本也会不断降低，企业也会越来越有竞争力。

然而，无意识成本怎么办呢？前面已经说了，人力资源部门的惩罚措施仅仅能起到有限的短期效果，却无法真正做到持续性避免这些成本的发生，所以企业就不能仅仅依靠所谓的制度和流程，而是要想额外的方法来改善和降低无意识成本。无意识的成本，究其原因，基本都是因为人生理或者心理的内在原因所导致的。例如，人体疲劳导致劳动效率下降，情绪变化导致处理问题水平不稳定等，这些都是需要管理者换位思考，从工人的层面和从人性的角度来思考如何降低无意识成本问题。例如，离开办公室不关灯或者用电器，是不是因为员工加班头脑疲劳了，忘记这件事了？或者员工开会后边讨论业务边离开办公室，才把这个要求就忽略了？这本身不是员工刻意不遵守公司制度和纪律的问题，而是员工最基本的生理和心理因素驱动的。因此，解决问题的手段也应当以此为出发点。我们发现，有些公司，会在办公室明显的地方贴上醒目的提示，要求员工关灯和关闭电器，在员工穿过办公室的位置也进行再次提示，并且在办公室大门口还有一个牌子提示,甚至还会用一个声控设备以卡通的声音幽默诙谐的提醒员工:"离开办公室要检查电源喔!"这种方式,就是通过视觉和听觉这样最基本的信息接收和神经刺激方式,提醒员工用电安全和避免浪费,这和人力资源政策结合起来,效果比冷冰冰的罚款要好很多,企业的用电费用也得到了很好的控制和降低。

虽然管理无意识成本并不会作为企业管理的单独一个研究方向或者职能,但是管理会计在无意识成本的研究和实践是非常普遍的。在日本企业中,优化和降低无意识成本的思路和做法已经比较成熟,大量企业都通过人性化管理、精益化管理、细节化管理来消除这类浪费。例如,日本佳能集团要求办公室每张办公桌下面不设废纸篓,这大大降低了每天产生的办公垃圾。它的思路是这样的,如果企业规定严厉的政策,惩罚那些扔废纸废物很多的员工,这非常不近情理,而且也无法定量化来进行政策实施。然而,如果从员工角度思考,办公桌下面如果有废纸篓,那么不要的物品随手一扔,很方便,自然产生的垃圾就多;如果不设废纸篓,扔废物就需要员工走到办公室门口的废物箱去扔,自然麻烦一些,因为这小小的麻烦,员工就不会随意扔废物,也会减少带进办公室无关的个人物品的量,这就降低了佳能办公垃圾的产生量,也降低了企业的保洁和垃圾处理费用。佳能还实行可视化管理,让员工下班的时候,能很清楚地看到厂区或者办公室一天产生的垃圾,这也给员工很大的震撼,这就产生并提高了厉行节约和避免浪费的理解和认识。佳能集团在无意识成本管理方面的例子还有很多,它这种从员工内心思考问题,设定相关政策,并利用视觉效果来影响员工,优化降低无意识成本的方式是很值得赞许的。

有意识成本和无意识成本是在成本管理中,以人为本来思考成本费用控制问题的两个不同组成要素,是否能够完美管理有意识成本和无意识成本也是管理会计中"管理"维度的具体体现,企业的管理者不能将有意识成本的管理方式武断僵化地套用到无意识成本的优化降低过程中去,因为这样不仅无法降低无意识成本,还会引起员工反感,影响企业的管理有效性。管理者只有多去思考企业成本发生和人的意识之间的内在联系,制定出最符合员工内心思维的政策,并获得员工由衷的采纳和支持,这样才能降低和优化无意识成本,达到企业成本管理的既定目标。

| 案例 5 |

从丰田对库存成本的认识
谈管理会计多视角思维

丰田汽车是世界上及时生产和精益化生产实施最彻底的企业，其对库存管理和库存成本的认识非常全面和先进。大野耐一的弟子、丰田前生产制造和物流管理部部长田中正知，在培训丰田的员工过程中，曾经提出一个非常值得思考的问题：如果10 000日元的库存，放在库房里面一天，给企业带来的损失是多少？

这道题目，如果我们假设机会成本是一年12%，那么10 000日元的库存产品，没有用于其他方面，其年化的成本就应当是10 000×12% = 1 200（日元）。而一年有365天，则10 000日元库存放置一天给企业带来的损失应当为1 200÷365 = 3.3（日元）。这么想错了吗？当然没有错，这是以管理会计中的机会成本思维来考虑如果企业将10 000日元没有放在库存上，放在企业可投资项目而获得的收益，3.3日元反映了企业因为库存而损失的机会成本的量化数字。事实上，大量的学员也是这么考虑的。然而，田中正知却给出了另外一个思路，如果该10 000日元的库存，给客户的售价是20 000日元，即能够给企业带来10 000日元的毛利，那么库存没有卖出去，则企业就会损失

10 000日元，一年365天，企业的日损失为27.4日元，和学员计算的多了大约9倍。田中正知通过这个小小的计算，提醒了学员要正视库存管理的重要性和不能流转的库存给企业带来的问题。在田中正知给出这个思路之后，教室里面的学员发现自己是用传统的机会成本角度思考问题，而老师田中正知则是用收入和利润思维在分析库存管理。两者看待问题角度不同，因而结果迥异。

田中正知的库存分析，不仅给学员开启了分析问题的多视角，也非常实际地反映了管理会计要求决策人员具备正向和逆向思维的能力。库存本身确实是成本问题，用机会成本计算和研究本身没有错误，但是如果换一个角度用销售和利润思维来对其进行分析，库存管理的重要性就显得更加迫切，对企业的价值无疑就会更大。丰田汽车对于生产和管理的很多问题的认识，都是反映了这种管理会计多视角的分析方法。除了库存以成本和收益角度来进行分析和认识，丰田对于财务数据，不仅是从传统的财务准则来看待，同时还要用达成时间来衡量，不仅强调收益的数量，而且还强调收益的速度，要求企业用最快的效率来达到目标的收益。这也是丰田营收和业绩不断提高的重要原因。

在管理会计实践过程中，多视角的思维方式是极其重要的，用不同视角来看待管理和财务决策，不仅保证企业能够客观逻辑地发现和解决问题，而且显著提高了员工的分析能力和工作水平。在经济决策、财务决策和管理决策中，多视角思维和正向逆向分析都是管理会计普遍采用的方式。例如，中国的去杠杆的经济政策，就是很好的一个例子。正常的企业去杠杆，都是要以抛售资产、关闭设备和员工下岗作为代价，将企业的固定成本和债务降下来，对企业和社会冲击较大。为了避免这样的问题，我国实行的去杠杆政策，是在企业控制和稳步降低产能的基础上，将产品的价格做一定程度的提升，让企业能够产生足够的边际贡献，这样更好地应对固定成本和债务成本，这很大程度上保证了企业运营的持续性、员工的利益诉求和社会的稳定性，这也体现了中国的经济决策者应用管理会计多视角思维来解决重大经济和商业问题的能力和水平。

从商业层面来看，管理会计多视角思维是一名财务或者管理人员应当必备的素质，无论是从职能管理还是从业财融合角度都具有非常现实的意义。例如，在企业的会议管理中，一般只考虑开会的时间长短，但是很少考虑因为员工参加会议而无法做其他工作的时间。然而，如果把开会时间和员工无法做其他工作的时间共同考虑进来，一个会议的时间长短实际上是翻倍的。也就是一个3天的会议，显性和隐性的时间成本是6天。有了这样的认识，管理者无疑会更好地审视会议的内容和安排，更紧凑地完成预期的会议，尊重参会者的时间和投入。

在日常工作中，我们经常谈的"换位思考"也是提倡企业要多视角思维来审视问题。大量的企业原来仅仅是管理者在办公室拍脑袋做决策，但是后面意识到成本和运营改善建议应当来自第一线的工人，故此多倾听他们的声音和建议能够更深入地理解问题的原因和本质，也明白管理层和工人之间考虑问题的异同，这更有助于运营能力的提高和成本的降低。例如，一家企业需要在产品内部安装一个小风扇，但是由于工人在流水线上工作强度很大，容易装反，造成不良品。企业要求技术人员一定要突破该问题，但却无法从技术层面解决。然而，当企业和一线员工沟通，一个工人建议在流水线旁边放一个小纸风车。如果风扇安对了，风车自然就转，而风扇安错了，风车就不转，也就提醒工人需要重新安装，从而避免了后期不良品的出现。这个建议，成本极低，效果很好，企业马上采用，达到了非常良好的效果。这说明，运用管理会计多视角思维，多从各个职能获得意见和建议，能够帮助企业有效地提升运营和管理水平。

企业的管理会计实践和业财融合的发展，离不开管理人员对管理问题和改善目标的多视角思维和正逆向思考。企业大量的管理和财务问题,从不同角度看,重要性和必要性可能会出现很大的不同,而且它们并不是某一个单一职能问题,而是企业在发展过程中的综合问题。企业管理者必须要反复全方位思考这些问题出现的原因、发生的过程及给企业带来的结果和影响,并通过多种管理会计工具和技能,与各个职能的员工进行充分的沟通与合作,为企业的经营发展贡献最大的力量。

| 案例6 |

从企业开会时间谈显性成本和隐性成本管理

任何企业都会有各种会议。有的会议很短,二十分钟结束,有的会议很长,要持续一天甚至两天。众所周知,会议是有成本的,除去会议的场地、差旅、餐饮外,最大的成本应当是人员了。如果要计算一下会议的人员成本,应当如何进行呢?

计算似乎很简单。假设一个会议100人参加,每个人的工资每小时是200元,会议时间为3个小时。那么会议的人员成本就是100×200×3=60 000(元)。然而,这仅仅是一个会议表面的人工成本,也就是我们常说的显性成本,这也是财务会计角度的成本,因为这部分成本是组成财务报表的一部分。如果我们思考一下,员工因为参加了3个小时的会议,而无法处理正常的工作,企业也因此失去了3个小时的工作时间,让生产效率和效益下降。这对于企业来说,就是隐性成本,这部分成本不会出现在财务报表中,所以并不是财务意义上的成本,但是从管理角度来说,认识到隐性成本却非常重要,因为隐性成本让管理者能够意识到企业活动的成本要远远高于财务报表的反映,也会更加深入思考企业活动的价值和意义。

例如，如果企业举办的上述会议没有内容，枯燥无味，员工没有获益，那么企业不仅损失了会议的显性成本60 000元，而且也损失了对应的隐性成本60 000元，这是非常得不偿失的。因此，企业所应当做的就是在会议内容安排中尽可能充实、丰富和紧凑，让员工能从会议中获得最大收益，而且尽可能缩减会议的时间，提高企业的运营效率。从这里，联想到很多生产制造型企业，都是要求或者提倡站着开会，事实上就是从会议的显性成本和隐性成本角度出发，站立式开会时间短，不仅有利于彼此将事情迅速说清楚，还能避免占用员工过多的时间和精力，这对于提高企业效率和降低企业成本是非常有帮助的。

显性成本和隐性成本在企业中无处不在。企业管理者在进行管理和决策时，要充分考虑显性成本和隐性成本的交互作用，这样才能有效调动企业中人的因素，充分优化财务和非财务资源，并提高企业的生产效率和生产力。例如，世界著名的广告公司——奥美广告的中国区创意总监，要求下属创意小组的汇报以10分钟为限，如果小组的汇报超时，或者10分钟内无法打动他，则该小组负责的项目需要重新创意和设计。这让创意小组的成员非常紧张，因为如果不能在短时间内获得总监的肯定，该项目就要重新创意，故此压力很大。但是创意小组发现，一旦汇报通过总监的认可，客户对奥美提出的创意也很满意，后期的客户沟通顺畅很多。故此，创意小组虽然认为总监的"十分钟汇报"非常苛刻，但是却很有利于自身思考和梳理创意内容，并改善和客户之间的交流和理解。事实上，这位创意总监要求的"十分钟汇报"应用的管理会计工具就是显性成本和隐性成本的结合。无论是小组人员的工薪成本和自身的工资成本，这些都是显性成本，会议越短，成本就越低。而作为创意总监，工资要远远高于其他人员，听取汇报时间越长，隐性成本就越高，而更为重要的是，如果一项创意无法短时间打动自己，也就意味着未来很难打动客户，那么客户如果不满意，要求进行大幅度修改，甚至取消合同，这样的隐性成本是非常高的。故此"十分钟汇报"是非常必要的。各个创意小组必须提前仔细思考和准备，设计出最佳的创意，才能达到与创意总监有效的10分钟面谈，成功让客户提案通过。这种方式，不仅使创意小组的人力资源充分调动起来，而且将提案设计和决策的显性成本和隐性成本降到了最低，又能够大幅度提高客户满意度，可谓是非常智慧的管理方式。

企业在考虑显性成本的同时充分思考隐性成本，也是企业不断优化生产流程和提高运营效率的必要前提。我们发现，很多问题的解决如果不从隐性成本角度出发，是很难驱动改变的。例如，丰田推出的及时生产，将过多的库存认为是"罪恶的"，就是以隐性成本为出发点，思考存货对企业运营的影响。在财务报表中，无论是存货还是销售成本，仅仅是一个显性成本，并没有冠以时间概念，也没有涉及对企业人员和管理的影响。然而存货越多，在工厂时间越长，占压企业的资金越多，占用企业有效生产面积越多，让企业越来越混乱，管理难度就越来越大，这极大地影响了企业的运营流程和效率，而且库存越多，说明客户对企业产品不满意和不认可。故此进行全面的库存管理，让企业达到"零库存"的生产状态，不仅能够解决存货成本过高的显性成本问题，而且能够有效地提高企业的管理水平和员工的生产能力，并且提高客户的满意度和信任度，这些都能够大幅度降低企业的隐性成本。因此，丰田的精益化成本管理的实质也是显性成本和隐性成本的管理，通过良好的管理方法来优化各种成本，让企业焕发出生机和活力。

显性成本和隐性成本的协同，是各级企业决策者都应当深入思考的核心管理会计问题，因为显性成本的发生时时刻刻在业务端的各方面影响隐性成本的出现和积累，所以它们虽然表面看上去是成本，但是实质上是管理者对企业的人力资源、业务流程、客户服务等多方面的反映，因此体现了财务和非财务管理之间的紧密充分融合，无论是会议的管理、业务汇报的时间限定，还是存货管理和精益化生产的实施，都与它息息相关。企业的决策者应当充分重视显性成本和隐性成本的协同管理，才能不断提高企业自身的成本管理能力和生产运营水平，创造出更大的商业价值。

| 案例 7 |

从企业培养消费者习惯认识转换成本的重要性

今天的中国,老百姓生活过得非常方便。如果需要打车,足不出户就可以通过滴滴手机端叫车,如果需要吃饭,也可以通过诸如美团外卖的 APP 等来叫外卖,省时省力。很多人感叹,如果滴滴或者美团消失了,都不知道出行或者吃饭问题怎么解决,这足以看出这些互联网企业有着大量忠实的客户,它们的商业成功也就不足为奇了。

然而,我们如果回顾一下这些企业的历史,在它们推出"互联网+"服务之初,都进行了大量的免费促销活动。滴滴发了大量的优惠券,补贴出租车司机和乘客,美团外卖平台公司等也砸钱补贴食客。这些企业背后都有资本的支撑,能够不断地"烧钱"。补贴和免费让更多的消费者认识了互联网企业,并持续甚至排他性的选择其服务,故此企业业务不断发展壮大起来。在本文中,我们用管理会计的转换成本概念来解释一下滴滴和美团在消费者习惯管理方面的成功经验。所谓转换成本,是顾客如果不选择现有企业,选择其他企业或者其他方式所需要额外投入的财务成本或者时间成本。例如,航空公司长期购买和应用波音飞机,如果它需要采购空中客车,就要花时间研究空中客车的性能，并且还需要培训飞行员、空姐和技师，来适应空中客车的运营。因此，航空公司如果选择其他飞机制造商，则转换成本较高。管理会计理论认为，一个企业如果能够持续的盈利，就需要首先锁定客户，并且持续地提高客户的转换成本，让客户始终无法脱离企业的营销体系，从而达到稳定和扩大企业经营业绩的目的。滴滴和美团这样的企业，就是利用"转换成本"的概念，来达到吸引消费者，黏住消费者，最终利用"长尾效应"从大量消费者处获得巨额的收益。

首先从这些互联网企业的获得客户的方式来看，消费者对于打车也好，对于吃饭也好，最初很习惯于在路边招手打车或者愿意到楼下的小饭馆坐下来吃个便饭。为了扭转消费习惯，互联网企业用减免、返利和优惠等各种方式，让这些消费者转到自己的平台进行购买和消费。在这个过程中，这些互联网公司给消费者所谓的补贴，实际上就是为消费者出了这些转换成本，让消费者能够"免费"从出租车或者小饭馆转向互联网平台。虽然消费者免费了，但是转换成本没有消失，只因互联网平台承担了这些成本。而滴滴和美团这样的互联网企业随着消费者的加入，还在持续地发放优惠券和补贴，因为喜好便宜的缘故，消费者就会持续通过平台来接受服务和消费，自然而然地就适应了手机叫车、APP叫外卖的习惯，再想改回路边招手坐出租车或者光顾楼下小饭馆点菜的习惯，就比较难了。这也是滴滴为什么可以采取动态加价，甚至天气不好的时候叫车加价一倍，很多消费者仍然坚持选择滴滴平台的原因。消费者已经完全适应了手机叫车的消费习惯，让他们回到以前，或者用官方出租车电召热线，他们一方面无法适应，觉得麻烦，另一方面其他方式也无法进入他们的视野，他们也想不起来。消费者因怕麻烦，不愿意换用其他方式，这就意味着互联网企业通过前期大量的补贴和优惠，成功地引导消费者应用在线平台，并将消费者牢牢地黏在了平台上，在这个过程中，消费者的转换成本被无形中提高了。

互联网企业通过疯狂的补贴方式，首先自己承担消费者转换成本，来吸引消费者，然后持续进行有一定力度的优惠，来稳定消费者数量，鼓励消费者利用优惠，反复通过平台进行购买和消费，从而改变其消费习惯，达到增加消费者转换成本的目的。这个以管理会计为出发点的经营方式，在以资本为驱动的企业中，是屡见不鲜的。最近大资本入局的瑞幸咖啡和世界咖啡巨头星巴克的市场之争，也是同样的策略。瑞幸咖啡希望扭转星巴克打造将咖啡店当作除了家和办公室以外的"第三空间"定位，它力图将咖啡成为办公室的必备，让咖啡和办公做伴。故此，瑞幸咖啡通过明星宣传效应和免费赠送咖啡的补贴手段，让消费者接受在办公室喝好咖啡的"新概念"，弱化在星巴克这样的"第三空间"享受咖啡和聊天这样的场景，目的和滴滴以及美团非常类似，其实是先承担消费者的转换成本，然后持续补贴优惠，让消费者反复应用瑞幸咖啡 APP，这样锁定消费者，接受自身对咖啡的场景定位，从而拉高客户的转换成本，避免其流失。当然瑞幸咖啡和星巴克的竞争仍在继续，谁能胜出，我们拭目以待。

转换成本，看上去是定量的概念，然而却体现了企业经营者在设计营销策略、协同财务和非财务资源的水平和能力。让客户能够欣然接受企业的产品和服务，并持续地购买，进而形成高度的品牌忠诚度，是企业核心竞争力的集中体现。当然，通过资本的补贴和优惠，可能是很多中国有条件的企业的首选，然而，我们也更应当充分学习世界上其他优秀企业，例如日本企业是如何通过产品和运营方面提高转换成本的做法。通过及时生产，客户下汽车订单，丰田很迅速就能满足需求，这本身就形成了高度的竞争能力，提高了在客户心目中对丰田品牌的美誉度，也有效地提升了转换成本。苹果手机的 iOS 系统，用户熟悉了之后很难舍弃，自然下一个手机仍然是苹果品牌。这充分说明，除了资金优惠补贴以外，企业应当从运营的实质上下更多功夫，给客户提供更高效和优质的产品、服务和流程，这样才真正实现了高转换成本，并且更精确地锁定消费者，让消费者的习惯一直跟随企业的节奏，从而使企业获得更大的市场份额和更多的商业价值。

| 案例 8 |

预防成本是质量成本的重中之重

对企业质量控制或者生产品控管理稍微有点经验的人都知道，企业为了保证产品质量，会在各个环节投放大量的成本，如流程、人员、设备和材料，目的是使生产的产品符合客户的要求，避免出现残次品。然而，我们看待质量控制的时候，往往会倾向于从"治病"的角度，也就是在生产线的各个流程阶段严防死守，务必要将产品缺陷降低。这种方式并不能说不对，而且它也是企业在提高产品质量过程中一定需要做的，但是企业经营者更应当从"预防"的视角想问题，在企业管理中注重质量问题的预防，合理地投放预防成本才能够更加有效地提高产品质量，避免出现不必要的生产问题。

谈到预防成本，如果仅从生产控制角度，可能只关联到对员工的质量培训、原材料供应商的管理、设备的维修维护等方面，这些成本是非常微观的预防成本。企业如果在这些方面都无法做好，是不能保证产品或者服务的预期质量并满足客户的要求的。从大量的商业案例中都能找到因为上述这些成本的发生和投放出现了问题，导致企业产成品出现巨大的瑕疵，影响了消费者的感受甚至安全，让企业遭受沉重的损失或者惩罚，例如，汽车行业中因为汽车部件质量不佳导致的车辆召回。究其原因，大多数都出在预防工作没有做好上。在国际上的大型事故背后的原因同样也来自这些生产控制相关的成本,例如,2003年美国"哥伦比亚号"航天飞机失事的悲剧就是来自一块不符合质量标准的、在起飞时脱落的隔热材料,这起事故最终造成了七名宇航员丧生。这些都说明,企业没有在生产控制环节加大预防力度,投入足够的预防成本,就可能会出现巨大的损失。

然而,预防成本在管理会计的大视角下,不仅包括微观生产控制层面,还包括宏观的价值链和人力资源管理层面。管理会计认为,如果需要提高产品质量,要从供应链多流程多环节看问题,要仔细考虑出现质量问题的前因后果,要站在生产前期和后期的各个角度去考虑问题,才能真正将企业产品的质量不断提高,避免问题的出现。例如,研发产品过程中,要注重新产品是否能够从现有供应商处进行采购零部件,是否能够尽可能标准化零部件的使用,这些都能够非常有效地降低产品缺陷。世界著名家居企业宜家所提倡的"在供应商地板上做研发"(R&D in suppliers floor),就是要求宜家的研发人员能够和供应商的工程师一起来分析和解决产品品质、流程和成本的问题。这样在产品投产之后的制造和处理过程就会轻松很多,也避免了大量的质量成本,这就是从生产的流程前端投入预防成本的案例。为了产品不断地升级和提高,成本管理者还需要将眼光转向市场和消费者,假想他们在未来应用自身企业某个产品的时候的情景,并将这些思考引入研发和生产过程,从而规避产品在消费者手中所发生的质量成本问题。例如,青岛海尔原来推出了一款洗衣机,在农村返修率很高,客服中心反馈,农民用洗衣机不仅用于洗衣服,还会用于洗白薯等农产品,故此洗衣机就出现了多种问题。然而,青岛海尔并没有生气,而是对当地农民的用户习惯进行仔细研究,生产出了更为坚固耐用的洗衣机,满足了农村用户的需求,使洗衣机的返修率大大降低,优化了质量成本。这充分说明,在质量管理中,预防成本并不仅仅在生产控制层面,经营者要在价值链的全流程中进行充分的思考和实践,才能真正地将质量问题有效地预防和解决，让企业的生产服务成本有效降低，产品的价值不断提升，并赢得消费者的青睐。

此外，管理会计还将人力资源管理的维度纳入了预防成本的范畴中。因为预防的实施者首先是人，如果员工没有动力，不愿意参与，甚至希望企业出问题看热闹，就算企业投入再多的预防成本，也不会产生良好的质量控制效果。故此，世界上大型企业在运营和生产管理中都非常注重人力资源管理，力求让员工能够积极主动地面对、认识和发现潜在的产品质量问题，并加以改进和提升，从而以最优化的方式来发生质量成本。例如，佳能集团在人力资源招聘高级研发员的时候一方面注重应聘者的智商，另一方面也会对应聘者的情商进行考核，目的是希望高级研发人员能平等客观地和其他部门的人员进行沟通和交流，不能因为自己的科技水平高就藐视别人，导致做出来的东西投产后出现大量问题。此外，佳能在集团内推广"让问候成为一种工作方式"，经理要主动在工作中问候员工，让员工感受到企业和上级的关心和支持，这样做的目的就是能够让员工感到企业这个集体的温暖，会更以主人翁的心态来看待工作和产品，并能够及时发现问题，有效地帮助企业规避损失。这种管理方式虽然看上去似乎是纯管理而不产生成本，但是实际上也是一种有效的预防成本投入，帮助企业改善和提高了产品质量。

产品质量是企业生存和竞争的核心，事关企业在消费者心目中的地位，也直接关联了企业的收益实现和成本发生。在保证质量的过程中，企业经营者需要特别关注预防成本发生的时点与投入的数量，将管理的各维度和质量控制紧密相连，充分发挥现有供应链的核心作用和人的主观能动优势，帮助企业有效地提升产品质量，优化相关成本和费用，并满足消费者日益增加的质量需求。

| 案例9 |

成本降低是企业的另类利润

利润等于什么？任何一个有基本财务思维的人都会马上说："利润等于收入减去成本和费用。"那如果问如何提高利润，绝大多数人的第一反应肯定是，多提高销售收入，这样创造更高的利润。而很少会有人会马上想到，企业可以降低和优化成本和费用，这样也可以提高利润。

利润的提高，无论通过"开源"（收入提高）还是"节流"（成本费用降低）都是可以达到的。"开源"是非常明显的提高利润的手段，即使没有任何财务和管理经验的人也很容易明白。但是从管理会计角度来说，企业所面临的竞争性的经济和商业环境决定了企业基本无法按照自己的预期来控制价格和拓展市场，也就是说"开源"能力受到很大的限制。在这样的情况下，企业就必须要通过"节流"的方式来释放和提高利润。例如，丰田汽车在进入美国的时候就清醒地认识到，美国的市场和消费者都非常成熟，不会为产品付出过高溢价。丰田想要赢得美国消费者的信任，就必须让丰田汽车在北美的销售价格定到和美国同类汽车可比的基础上。而如果是这样，丰田汽车想要获得目标利润，就必须努力不断地降低和优化运营的各项成本，利润的实现是通过成本降低来实现的，降低的成本就成为企业的另类利润。这也就是在成本管理中著名的"利润主义"。由于现在信息和科技越来越发达的原因，现代企业的竞争压力越来越大，故此，利润单靠"开源"是不够的，必须要靠"节流"，也就是成本降低，才能创造最有质量的利润。

为什么说因为"节流"而获得的利润是企业最有质量的利润？因为企业的成本控制结果和企业的管理能力和水平是相辅相成、密不可分的。在管理会计中，成本管理并不是简单地计算或者叠加一下成本，而是通过各种手段和方式，用定量和定性的视角来分析成本发生的原因、过程和结果，通过改善流程、运营和管理模式来降低企业的成本。在日本企业广泛运用的5S系统，听上去非常简单，就是企业在生产过程中，一定要让员工做好清理、整顿、清扫、清洁和素养的工作。然而，实施良好的日本企业都在成本方面做到了非常有效的管控，为企业贡献了大量的另类利润。究其原因，就是从企业管理角度明确和强化了生产操作流程和生产纪律，提升了企业的运营管理能力，使企业高速和高效的发展，促进了利润的实现。

企业经营者应当认识到，成本降低仅仅是一个结果，在达到成本降低的过程中，企业需要花费大量的精力和时间进行研究、调查和实施，这本身就是一个不断学习、提高和交流的过程。管理会计认为，企业无论是财务还是非财务维度的提升，培养和加强人对问题的正确意识和主观能动性是最重要的。因为"开源"受市场、消费者和竞争对手的影响很大，企业内部人员可以有原因完不成任务，但是"节流"完全是从自身的运营和管理中找问题、做提升，目标和过程都是完全可控的。企业经营者寻求成本降低的同时，也是在追求各级管理人员和员工统一认识和思想，通过自身努力来不断优化生产。例如，企业推进的"全员成本管理"，就是打破成本和费用的部门负责界限，让全体员工来对成本控制和优化进行思考，并提出相应的意见和建议，达到成本降低、利润提升的目的。日本的快递运输企业宅急便内部形成了非常良好的成本敏感和优化的企业文化，多次因为员工的建议改善了运营流程，降低了运输成本。例如，两个城市之间的运输中转站，原来运输模式都是货物经卡车运输到中转站卸货之后再装运到另外一台卡车进行下一个路段的运输，这样浪费了大量的处理时间和人员成本。但是公司的职员提议，如果把卡车改成拖挂式，那么到了中转站之后，只需要将拖挂的车厢卸下来挂到另一台卡车后，就可以直接驶向目的地了，这样大量的中转成本就节省下来，卡车司机也能早回家和家人团聚，公司也不需要付更多的加班费了，"另类利润"也就因此而得以实现。宅急便的案例表明，当企业形成以成本为驱动的全员思考，就会有更多好的想法进入经营者的视野并得以实施，从而达到降低成本并同时提高企业竞争力的结果。

"成本降低是企业的另类利润"，是管理会计对成本管理很有内涵的一句解读，成本降低的过程和结果不仅仅给企业带来的是财务的丰厚的量化利润，更是给企业在流程优化、管理水平和员工凝聚力方面带来各种巨大的非量化收益。故此，企业应当以开放的心态拥抱这样的另类利润，不断地提高自身对成本和费用发生原因的理解，并努力改善企业成本管理的能力，力争将企业竞争力不断提升到新的层次与水平。

第 2 部分　　财务分析与经营决策

| 案例 10 |

从出租车司机的决策谈边际贡献分析的重要性

我经常问学生的一个问题是:"如果你是一个出租汽车司机,现在有两个选择:选择 A,在机场排队后接上乘客到市区,等待两个小时,行驶一个小时收费 170 元;选择 B,在市里开车路上找乘客打表'扫活儿'。你会选择哪一个?"往往学生不假思索的答案就是选择 A,因为在潜意识中由于机场离市区远,出租车司机能够收取的费用高。

这个选择对吗?当然不对。这是学生因为没有接受过管理会计培训而出现的典型错误。虽然问题看上去很简单,但是在没有进行管理会计量化分析之前,我们是无法确定应当作出哪个选择的。而在决策前所应用的分析工具就是管理会计中最基础、最重要和最核心的内容——边际贡献。

在管理会计中,边际贡献的公式是:

$$边际贡献 = 收入 - 变动成本和变动费用$$

例如,企业销售产品甲,如果销售收入是 5 000 元,而生产该产品的材料、人工和变动制造费用是 1 500 元,付给销售人员的销售佣金是 1 000 元(按销售收入 20% 提成),那么企业所获得的边际贡献就是:5 000 − 1 500 − 1 000 =

2 500（元）。很明显，边际贡献体现了产品或者服务价值创造的程度。试想，如果从一项产品或者服务中所获得的收入，连变动成本和变动费用都无法覆盖，边际贡献为负，那么生产这样的产品或者服务就没有财务意义了（可能战略角度会有意义，我们另谈）。而边际贡献数值越大，该产品或者服务给企业所带来的价值就越高。例如，某企业销售产品甲获得边际贡献为2 500元，而销售产品乙的边际贡献为3 000元，那么产品乙为企业带来的以边际贡献进行估算的价值比产品甲要多。

而回到本文中的出租汽车司机上，他获得的边际贡献就是他收取乘客的费用减去服务乘客的变动成本和变动费用。考虑到出租车的营运性质，它的变动费用主要是汽油费。故此，我们可以在两个选择中做一个假设。选择 A：从机场到市区，油费需要 20 元；选择 B：每次扫活获得的乘客，均收费 15 元，而油费为 3 元。那么选择 A 所产生的边际贡献是 150 元（170 − 20 = 150），而选择 B 所产生的边际贡献是 12 元（15 − 3 = 12），那么如果出租汽车司机选择 A，他可以获得 150 元的边际贡献，而如果选择 B，他只能获得 12 元的边际贡献。那么是不是出租车司机选择 A：从机场载客到市区就是最合适的？

我们还需要对边际贡献进行进一步分析才能做出选择。我们不仅要分析边际贡献的绝对值，还要在很多情况下分析单位时间下的边际贡献值。例如上文中的产品乙虽然比产品甲边际贡献多 500 元，但是企业生产产品乙未必合适，而出租汽车司机的选择 B 虽然只赚 12 元，也未必选择就不对。这是为什么呢？大家都知道，无论企业还是人，都会在一定程度上受到运营时间限制。企业一年最多开机 365 天，有的企业业务不忙，产能闲置，因此只要有客户订单，无论难易都会接，因为它产能有剩余，获得新的订单，只要能够增加企业的边际贡献，对企业就是好事。然而还有一些企业，业务特别繁忙，订单不断，产能不足，就肯定要对订单进行取舍。在订单高峰期，这类企业所关注的并不完全是订单标的大小，而是该订单完成的难易程度。因为容易完成的订单占用时间少，如果分解到一天或者一个小时，该订单所产生的单位时间边际贡献就会高，能够在有限的时间中获得最大的收益。而需要大量时间投入的订单，虽然边际贡献绝对值可能较大，但是分解到每一天或者每一个小时，单位时间边际贡献会较低，还不如做几个时间短容易完成的订单对业绩提高更合适。而每日双班制的出租汽车司机情况和企业的情况非常类似，假设他的营运时间是无限的，那么选择 A 在机场排队等活能够获得 150 元的边际贡献，这远远高于选择 B 的 12 元，他应当选择 A。然而，现实是出租车司机受到运营时间的限制，一天只能驾驶 12 个小时，不可能无限制地揽客。故此，就不能仅仅考虑选择 A 的边际贡献的高绝对值，而是要考虑以小时作为基础，如何为自己创造出最高的每小时边际贡献。选择 A 从机场到市区提供出租服务，司机将产生 150 元的边际贡献，需要花 3 个小时完成，那么每小时的边际贡献就是 50 元（150÷3＝50）。而在选择 B 中，假设出租汽车司机连续每个小时获得五个起步价的业务，那么以每小时计算的边际贡献就是 60 元（12×5＝60），高于选择 A 的 50 元。显而易见，出租汽车司机应当选择 B——在路边找乘客打表"扫活儿"，而不该选择 A——在机场等乘客送到市区，因为选择 B 给司机带来的每小时的边际贡献更高，假设双班出租司机能够保持这样的获客状态，那么 12 个小时将能获得最大化的边际贡献 [60×12＝720（元）]。

至此，我们应能通过边际贡献分析帮助出租车司机进行选择了。鉴于出租汽车司机运营时间受限，无论他选择 A 还是选择 B，都应当建立在以单位小时为基础的边际贡献中，如果选择 B 中产生的单位小时边际贡献能大于选择 A 中所产生的 50 元边际贡献，那么出租汽车司机选择 B 就是正确的。反之，选择 A 对于出租汽车司机才是最合理的。在现实工作中，双班制出租汽车司机如果都能通过边际贡献分析来安排和管理自己 12 个小时的出车时间和行驶路线,这无疑将非常有助于他们提高自身收入和运营合理性。

边际贡献分析,是非常落地的管理会计工具,大到企业、小到个人,都可以通过边际贡献思维,以定量视角来审视和提升自己的运营效率和效益,这也体现了管理会计的魅力所在,一个非常实用的技能就能充分去除管理选择和决策中的不确定性,并产生很大的功用。当个人或者企业有充沛的时间或产能,它们无疑愿意选择边际贡献绝对值高的产品或者服务,因为这样能给自身带来最高价值。而如果个人或者企业的时间和产能受限,肯定就会更加谨慎,选择单位时间边际贡献值高的产品和服务,力求在有限的时间和产能基础上创造最大化的价值。无论是订单制企业,还是出租汽车司机,在进行决策评估时,充分运用管理会计的边际贡献理论,无疑是非常有帮助的。

| 案例 11 |

从"先款后货,淡季打折"谈企业的业财融合问题

"先款后货,淡季打折",这简单的八个字,如果不首先放在财务的背景下,大家显然不会想到这和会计有什么直接关联,这不是典型的销售场景吗?甲企业把产品销售给乙企业,要求乙企业付全款才能发货,而为了给乙企业一些优惠,甲企业在乙企业淡季拿货的时候给乙企业价格打折。没错,这确实是销售场景,而且是中国空调龙头企业——格力电器的销售场景。格力集团的领导人董明珠在当年提高格力销售经营业绩的时候就是围绕着"先款后货,淡季打折"这八个字,成功扭转了格力多年来受制于经销商电器大卖场的局面,开创出自身的销售网络和渠道,极大地提高了格力电器的经营活力。而本文,就是要借着"先款后货,淡季打折"谈一谈管理会计不断强调的业财融合问题。

所谓业财融合,就是业务和财务互相能够进行良好沟通并合作,在项目分析、经营决策和管理目标上都能因此而达到一致。但是在实际工作中,因为业务和财务的教育和工作背景都非常不同,造成了业财融合不甚理想。财务人员不能通过会计数据给出业务人员有价值的意见和建议,而业务人员因

为不懂财务管理，也无法加深和财务人员的沟通理解。故此，企业如果希望充分利用好人力资源的聪明才智，打造跨职能跨部门的合作，那么业财融合就非常重要，也就是业务人员和财务人员一定要能够互相理解，能够用自己的知识或者语言将对方的想法迅速进行转换。"先款后货，淡季打折"这句话，是在销售职能上很通俗易懂的业务语言，那么作为财务人员，能不能马上把它用财务术语翻译一下，落实到财务分析上去？众所周知，在管理会计的营运资金的财务评估中，包括应收账款周转率和存货周转率两个核心指标。应收账款周转率的公式是：

应收账款周转率＝企业赊销收入÷企业年初和年末应收账款的平均值

企业产品现销还是赊销，对营运资金会产生不同影响，赊销越多，应收账款越多，企业的应收账款周转率越低，那么企业的运营资金压力就越大，就需要从金融机构借款来维持运营，这会大大增加企业利息等财务费用。反之，如果企业产品现金销售，收钱的速度飞速加快，应收账款会大幅度减少，而应收账款周转率提高，则营运资金压力大大减轻，企业也就不需要额外融资来支持经营了，那么财务费用也就降下来了。而存货周转率的公式是：

存货周转率＝企业销货成本÷企业年初和年末存货的平均值

一般企业生产有淡旺季，如果淡季产品不能顺利卖出去，会造成企业存货增加，存货周转率就会变低，而存货占压了企业大量的营运资金，造成企业现金流的压力和财务费用的提高。然而，如果企业在淡季，也能想方设法把存货卖出去，这样存货水平会降低，就会提高存货周转率，释放存货所占用的营运资金，提高企业的现金流并有效降低财务费用。如果从业财语言的翻译转换来说，这应当就是"先款后货，淡季打折"的财务解释。

从上面的财务解释不难看出，在董明珠领导下，格力就是通过销售和财务之间这种对"先款后货，淡季打折"理解的融合，达到了业绩的巨大提升。从原来电器大卖场拿货后不愿意及时付款甚至拖延付款，到后面自建销售渠道要求经销商先款后货，格力有效地降低了企业的应收账款，释放了自己的经营性现金流，而结合自身空调产品因为季节性会影响销售，而给经销商在淡季一定优惠，这不仅降低了自己的存货，而且同时降低了经销商的采购成本，也同时补偿了经销商先付款而自身现金流压力较大而可能造成的财务费用增加问题，可谓是达到了双赢。至此，格力在销售职能上提高了销售量和销售回款额，在财务职能上提高了应收账款周转率和存货周转率，它的"先款后货，淡季打折"是业财融合的经典范例。

格力集团的业财融合，给管理会计的学习者和实践中提供了更加开阔的思路。我们要充分理解，企业的收入、成本、费用和资金并不是财务室直接创造出来的，而是来自各个经营部门。不了解经营部门的实际运营情况，是无法达到财务资源的优化的。成功的企业和成功的领导人，都无一例外地要求管理者充分熟悉和理解业务，并不断进行分析和实施，才能有效提升企业财务层面的业绩。例如，前日本丰田汽车社长大野耐一要求管理者一定要多去走动，只有一年磨坏几双皮鞋才能算在岗位上管理合格；而中国的电信巨头华为的总裁任正非做过很形象的比喻，就是要"砍掉中层管理者的屁股"，意思是中层管理者不能整天在办公室坐着，一定要到现场去了解运营，发现问题解决问题。虽然大野耐一和任正非是两个不同时代的领导者，也分属两个完全不同的行业，但是他们对管理者是否了解业务是非常看重的，因为只有业务认识清晰，管理者的管理目标和方向才能明确，企业的财务价值才能因此而实现。

既然业财融合能够给企业创造如此高的价值，那么为什么很多企业，特别是企业的财务人员却一直无法有效开展？究其原因，就是业务和财务之间的知识体系无法打通，而跨职能跨部门的沟通和理解又太少。从工作角度来看，财务人员所负责的核算职能占了其时间很大一块，对自身企业的业务和市场发展不能投入时间做深入的研究和分析，那么自然是无法提出有价值和有深度的意见和建议的。然而，随着人工智能和财务机器人的大规模推广和普及，传统财务核算工作的强度和密度将会大大降低，这将使财务人员必须考虑以业财融合为核心的转型和发展。故此，多去了解业务，多去思考业务和财务知识或语言的高度联系，多去思考高级领导人对战略、运营和绩效的思路和想法，将是未来财务人员进入管理会计领域，进行业财融合的正确方向。我相信，在不久的未来，真正的合格的财务，一定是业财融合的高手，对行业趋势判断准确，对业务流程熟稔于心，对产品特点清楚明晰，这样才能够和业务人员对企业的经营和管理进行良好的分析和推演，助力企业财务业绩的提高和可持续发展。

案例 12
从企业盈利视角谈会计利润和经济利润

在西方的管理会计课堂中,一个很有趣的讨论是,教授问学生,"如果一个企业当年的利润表显示是 5 万元的净利润,这个企业盈利了吗?"几乎所有同学都会举手,告诉教授盈利了。然而教授会耸耸肩,说:"大家都错了!财务会计认为企业盈利了,管理会计可不这么认为!如果这个企业股东的股权投资是 100 万元,而这位股东如果把这笔钱存入银行,能够获得 6% 的无风险收益,那么再思考一下,他投资这个企业盈利了吗?"听完教授的这番话,很多学生发现,投资一个有风险的企业,只赚了 5 万元,而如果投资银行的定期储蓄,却能获得 6 万元的收入,感觉确实企业没有盈利。

这个实验,就是这篇文章要讲的会计利润和经济利润。所谓会计利润,就是在财务会计损益表中所体现的利润,例如课堂讨论中的企业的 5 万元净利润。而经济利润,是企业的收益和它所投入的成本之间的差,这些需要减去的成本,不仅仅是财务会计意义的成本,而包括了经济意义的成本,特别是风险相关的成本。例如,投资 100 万元股权的企业股东,如果他可以获得无风险的收益为 6%,也就是 6 万元,而这就是他与风险相关的资本成本。他的期待是投资的项目或者企业必须要赚到一年 6 万元以上,才能够获得自己认为理想的收益。然而,他投资企业一年仅仅净赚 5 万元,则他的经济利润是-1万元,没有达到他的预期。利用经济利润来评估一个企业和项目,有助于以投资者角度来衡量盈利能力和投资能力,是企业在投资决策过程中重要的工具和基础。

经济利润事实上已经广泛应用在企业的绩效管理和投资分析中,我国央企的财务绩效评估,一个重要指标是经济附加值,它的公式是:经济附加值=企业税后净营业利润-投入资金的资本成本,其中资本成本不仅仅包括债权的成本,而且还包括股权的成本。这其实就是以经济利润的角度来看待企业的业绩。虽然央企的股权资金是国资委调拨的,但是资金是有风险和资本成本的,仅仅单独考虑财务会计的利润,无法全面衡量企业的资金使用效率和使用效益,对企业管理者的绩效考评维度是不足的。而利用经济附加值这样的经济利润指标来分析企业的全资本成本、企业风险和收益回报的有机联系以及管理者在决策中利用自有资金和融资资金的综合水平,有助于企业客观和全面地看待企业的绩效和发展。故此,企业用经济利润作为预测和决策的工具是非常适当的。

会计利润和经济利润,体现在财务分析、绩效管理和业务发展的视角不同上。会计利润主要是针对企业的一般管理者,他们的目的是为企业创收,降本增效,故此企业的会计利润反映出他们辛勤工作的成果。无论是销售部,还是生产部,用提高的收入或者降低的成本来评估业绩,是符合客观实际的。然而对于公司的高级管理者或者投资者来说,会计利润仅仅展现了企业运营的一个层面,没有完全揭示企业从财务管理、资金管理和投资回报等多个维度的经营水平。例如,股东所关注的企业中长期运营,很大程度是关注如何达到高效、高收益和轻资产,这就涉及了企业的利润和资产投入之间的关系。在商业社会中,我们可以发现,有些企业投入巨资,虽然产生了良好的利润,但是如果分析资产回报率,确只有可怜的一点点;而有的企业利用多种现代营运方式,例如,租赁、外购和供应商管理存货,良好地控制了自身在企业中的成本投入，这样不仅让企业经营更加精细化，而且有效地降低了企业的运营风险和资本成本。无论是在计算经济利润还是投资回报率，都高出同类企业一大截。这充分说明，以经济利润思考企业的中长期发展以及决策者的经营协同能力，是极其必要的。

除了评价高级决策者或者评估投资回报决策以外，具有经济利润的思维在管理会计应用的其他层面也是非常重要的。例如，企业中所发生的很多隐性成本或者隐性收益，都是经济利润的范畴。有的企业由于制度和流程问题，出现大量的沟通问题，会议多，扯皮多，这些都不仅将宝贵的时间耽误在无谓的争论上，同时也影响了正常工作的开展和实施。这种隐性成本严重地影响了经济利润，需要企业进行审视和解决。而制造业企业普遍推广的站立式开会，就是希望避免过多的隐性成本。站立式开会，会议速度快，言简意赅，迅速达成意见，然后落实执行，这无疑是企业提高效率、降低经济成本的一个好方式。而有的企业，能够换位思考，为员工提供了很多帮助和支持，包括良好的员工福利和员工持股计划，这虽然看上去会计成本提高了，但是提高了员工的满意度和保留率，让优秀的员工能够留在企业，为企业创造更大的价值，从这个层面上来说，也就增加了企业的经济收益，从而扩大了企业的经济利润。从管理会计视角来看，研究企业的经济利润，实际上就是要求决策者关注企业各个层面的运营细节和管理重点，让企业的效率、员工的凝聚力和财务管理水平达到不断提高的目的。

会计利润和经济利润是财务会计和管理会计在看待企业经营业绩、绩效评估、管理重点和战略发展中非常重要的内容，也是企业决策者在财务和非财务管理过程中需要充分思考的两个重要方向。充分认识到经济利润给企业所带来的价值和影响，有助于管理者认识到企业现有经营、发展的缺陷和未来的发展方向，从而利用各种财务和管理手段来提高企业的效率与活力，发挥资金和人员的最大效力，让企业不停奔跑，价值不断提高和壮大。

| 案例 13 |

从 H 酒店的会员卡谈决策中的相关成本

在北京王府井的 H 酒店吃饭或者喝茶的时候，往往会有销售人员过来，向你推销一张该酒店的会员年卡，费用是 2 588 元，其中包括两晚上的酒店住房，四张双人次的游泳健身券，四张 300 元的餐饮抵用券，一张双人自助餐券和一个价格 300 元的生日蛋糕。如果你查一下在携程中的 H 酒店一晚上的房价，基本都是 1 200~1 300 元每晚。故此，如果你单独在 H 酒店住两个晚上，就已经要花 2 588 元了。所以很多消费者觉得会员年卡非常合适，纷纷购买。

俗话说，"买的不如卖的精"。H 酒店的会员年卡这么受消费者欢迎，会员卡不仅包括房费，还有免费的餐饮抵用券，还有免费的游泳健身券，把这些成本算上，H 酒店难道不会赔钱吗？答案是：当然不会。而分析问题的关键是这张会员卡的成本是如何进行计量的。这从财务会计的角度分析和从管理会计的角度分析是截然不同的。如果从财务核算角度出发，会员卡的成本必然要包括两晚的成本（包括变动成本和固定成本），健身中心分摊过来的 8 人次的成本，餐饮一共 1 200 元的菜品成本（包括原材料、人工和餐厅固定成本），双人自助餐的成本以及生日蛋糕的成本（包括原材料、人工和餐厅固定成本）。那么核算下来，这张会员卡的利润应当是非常薄，甚至可能是亏损的。

然而，从管理会计视角进行分析，情况可能大不相同。在决策分析中，管理会计关注的是收入和成本的"相关性"，也就是说，如果和这个决策相关的收入和成本，就记入分析内容中，如果和这个决策不相关的收入和成本，就不应当记入分析内容中。用更通俗的话来解释，如果说一项成本或者收入，无论这个决策有还是没有，都会出现，就是不相关的成本或者收入；而这项成本或者收入，如果因为决策出现而出现，因决策消失而消失，就是相关的成本或者收入。带着这个思路和想法，我们再看一下 H 酒店的会员卡的成本分析，就会发现和财务核算有很大的差别。会员卡包括的两晚上的住宿的成本，很大程度是固定的成本，如酒店的折旧、服务员月工资等，这些成本无论卖不卖会员卡，都会出现，所以并不应当放入会员卡的决策分析成本中去，应当记入的仅仅是消费者入住所产生的变动成本，如更换毛巾、洗浴用品等成本，这些成本是非常微小的。而酒店的健身中心，无论是否售卖会员卡，都要常年开放，因此成本是一直存在的，是不相关成本。而自助餐非常类似，无论客人是否去消费，自助餐厅必须要备好菜品，所以自助餐的成本完全都是不相关成本。即使是四张 300 元的餐饮抵用券，看上去是给了持卡会员 1 200 元的用餐折扣，但是如果仔细思考一下，餐厅提供的每一道菜品的成本中，厨师和餐厅的固定成本都应当不记入，因为它们都是不相关成本，并不因为会员卡的出现而存在，或者会员卡的消失而消失。蛋糕的成本与此也很类似，除了原材料的成本是相关成本，其他的成本都是不相关成本。这么计算下来，H 酒店的一张会员卡的相关利润就相当高了，这也为 H 酒店获得了大量的创收。故此，H 酒店的会员卡实际上给酒店和消费者带来了双赢。

从 H 酒店会员卡的分析，我们可以看出财务核算和管理会计在决策分析过程中会出现很大的不一致，原因就是对相关成本的认定和理解。在财务核算中是没有所谓相关成本的概念的，它更强调的是成本的构成和分摊。而管理会计分析中，归属到一个项目的成本必须是相关的，这样才能保证该项目的预测客观性和准确度，并能反映出该项目的真实盈利能力和价值创造能力。H酒店的会员卡是一个非常好的例证，反映出财务核算和管理会计分析在项目决策中的区别。

相关成本和不相关成本的划分和研究，除了揭示项目盈利潜力以外，还有助于帮助管理者发现管理中出现的问题并推出合理方案加以解决。事实上，H酒店推出该会员卡的背景是由于"八项规定"后，禁止或者限制公务人员在差旅时选择五星级酒店，这造成了高档酒店的业绩下滑。而H酒店作为高档酒店的代表，受到政策的冲击是显而易见的。由于业态的原因，一个酒店大量的成本是固定成本，也就是酒店开展各项业务的不相关成本。在公务商旅收入下降的情况下，酒店只有不断地推出新业务，才能有效地消化这些不相关成本。故此，H酒店推出的会员卡产品，正是基于酒店的运营性质，以及相关和不相关成本的管理，来解决短期内住客减少、酒店业绩下降的问题。这个市场营销方案的实施，受到了消费者的欢迎，无疑是非常成功的。

随着H酒店入住率不断好转和提高，该类会员卡已经停止销售，现在推广的是收费1 500元的餐饮会员卡，里面包括了两份高价的双人自助餐、免费的健身中心使用券和一些茶点券。如果我们通过管理会计来进行分析，H酒店的这张卡的相关成本仍然是比较低的，会为酒店创造更高的收益并且带来新的客户。而购买这张会员卡的客人也能充分享受H酒店准备的美食和优雅的环境，和亲朋好友共度美好光。H酒店设计出的会员卡，充分利用了相关成本分析，为企业和消费者带来双赢，可以说是非常经典的管理会计应用案例。

案例 14

净资产回报率和企业内部价值创造

净资产回报率,英文的缩写叫 ROE(return on equity),财务公式非常简单:企业的净利润÷企业平均的净资产。从财务分析层面,它反映了一家企业为企业投资者所带来的回报。然而,从管理会计层面,它反映了一家企业的内部价值创造源泉和能力。

如果将净资产回报率进行分解,则会出现包括以下三要素的公式:

净资产回报率 = 利润率(利润÷收入)× 资产周转率(收入÷企业平均资产)× 权益乘数(平均资产÷企业平均净资产)

这个公式中三要素的内涵,就是企业价值创造的来源和能力。利润率 = 利润÷收入。众所周知,一家企业通过销售产品或者服务获利,而不同产品或者服务因为性质不同,存在天然的差别。例如,茅台酒的毛利率高达 90%,净利润率为 50%。而燕京啤酒,毛利率仅有 35%,净利润率为不到 2%。这并不是说茅台酒比燕京啤酒有多高贵,而是因为产品特性不同导致产品的价值不同,这就是利润率给企业的启示。而资产周转率 = 收入÷企业平均资产,反映了企业产品的销售量和销售能力。我们俗话说的"薄利多销"用在这里最为合适,也就是说便宜的产品销售量一般都应当很大,而贵的产品相对销售量都会少些。产品虽然利润率低,但是如果销售量大,完全可以弥补低利润的缺陷，也能够给企业投资者带来高额的回报。而权益乘数＝平均资产÷企业平均净资产，是企业在财务管理中的杠杆效应，企业的平均资产和平均净资产的差额就是负债，如果企业能够通过一部分合理的举债，巧妙地利用第三方的资金，就可以有效地提高自己的净资产回报率。

在日常的商业环境中，不同企业的良好运行，恰恰是遵循着净资产回报率的三要素的。高利润率的企业，不断地保证自身的利润，避免利润下滑，为股东创造价值。例如，上市企业茅台和东阿阿胶不断地提高出货价格，保证企业的利润率，为股东创造更大的价值。如果从商业本质来看问题，选择高端产品的客户是有限的，企业也很难扩大销售规模。在中国，喝二锅头的消费者远远要比喝茅台的消费者数量多得多，消费的频率也高得多。高利润的产品的生产企业，必须要稳定甚至提高自身的利润率，才能给投资者交出漂亮的净资产回报率的答卷。如果利润率下滑，而销售量又不能突破，则净资产回报率下降是必然的。故此，大量高利润率的企业，都通过各种途径来维持品牌形象，提高品牌美誉度，让消费者感到自身品牌的溢价，最终的目的都是希望将产品以预期的高利润推向市场，并让消费者所接受。

而低利润率的企业，如果希望有所突破，就必须扩大销售和市场，让更多的消费者选择自己的产品。例如，各个啤酒企业，都在过去多年攻城略地，通过收购和兼并的方式不断地扩大营销渠道和客户群，同时利用规模效应在一定程度上降低自身的成本，达到提高资产周转率的目的。对于低利润率的企业，高销售数量和高周转率就是企业的生命线，打击竞争对手就是要不断提高自身的周转率，让竞争对手的销售量下降。例如，中国的肉类加工品龙头企业双汇，并购了美国的集约化养猪企业史密斯菲尔德后，因为进口猪肉成本降低，定价主动性增强，提高了双汇产品的销售量，同时降低了竞争对手得利斯和雨润的市场份额，这使过去几年双汇的净资产回报率高达20%以上。而格力电器也很类似，虽然其利润率率并不高，但是格力空调的市场份额在过去不断扩大，将以前的空调品牌挤出了市场，形成了很高的销售量和周转水平，这使格力电器的净资产回报率在 2017 年达到了 30% 以上，这是极其让人震撼的。

对于广大企业，特别是金融类企业来说，权益乘数对提高净资产回报率是非常重要的。企业利用自有资金和利用第三方资金，对净资产回报率的影响有很大不同。这好比一个个人购房者，如果 100 万元的房产，全款支付和 50% 支付、50% 贷款，当房产价值翻倍的时候，全款支付的回报率仅仅有 100%（收益 100 万元÷净资产 100 万元），而 50% 贷款的回报率则是 200%（收益 100 万元÷净资产 50 万元），原因就是在贷款的杠杆上面，也就是这里所提的权益乘数（个人购房者的权益乘数是 100÷50＝2），它放大了个人购房者的净资产回报率。而企业也是一样，通过银行贷款，提高自身的权益乘数，并且也放大了利润率，从而达到净资产回报率的上升。中国的房地产企业，例如，万科地产和招商地产，净资产回报率都在 20% 以上，但是毛利率和净利润率却并没有大家想象的那么高，它们的净资产回报率的主要贡献都来自权益乘数，因为它们的权益乘数都大约是 5 倍甚至更高。而这些企业最担心的是银行的贷款收紧、利率的提高和销售回款的时间，因为这些都会很大程度影响企业流动性和杠杆的安全程度，有可能造成对企业净资产回报率的反向影响。故此，以高权益乘数作为价值创造源泉的企业务必要注重负债和资产的配比程度，投资资产的稳健性和现金流的安全性，这样才能真正为企业投资者创造最安全的价值。

净资产回报率反映了企业经营的实质与价值创造的内涵，是管理会计中财务与管理连接最紧密的核心指标，通过利润率、资产周转率和权益乘数的分解，使企业能够理性认识到自身生产的产品与提供的服务的价值，思考提高经营和提升竞争力的正确方式与方法，并做好对应的风险防范和管理，从而带领企业在正确的赛道上不断奔跑。

| 案例 15 |

净资产回报率和企业的外部价值展现

2018 年 6 月 6 日，中国 A 股的明星企业贵州茅台股价盘中超过 800 元，企业市值超过 1 万亿元。在过去几年，贵州茅台的股价不断上涨，然而和它形成很大差异的是，有的上市公司的股价却是不断下降，甚至比 2015 年高点下降了超过 80%，这种现象背后的原因是什么？

在资本市场中，有两个因素对企业的股价会产生很大的影响，一个因素是资金，这个非常容易理解，如果资本市场的资金源源不断地流入，对各个上市公司的股价会有推升作用。而另外一个因素是企业的净资产回报率，公式是：净资产回报率＝净利润÷企业净资产，这也就是我们在上一个话题分析的决定企业内部价值创造的重要财务指标。而企业的净资产回报率的高低，很大程度决定了企业的外部价值展现，也就是我们常常讨论的上市公司的股价和市值。在管理会计的企业估值分析中，市净率和市盈率这两个指标是最经常应用的。所谓市净率，是公司的股价和企业净资产的比率，公式是：市净率＝每股股价÷每股净资产。市盈率，是公司股价和企业每股盈利的比率，公式是：市盈率＝每股股价÷每股净利润。如果我们把净资产回报率、市净率和市盈率联系起来，则会形成以下的公式：

市净率（每股股价÷每股净资产）＝净资产回报率（净利润÷企业净资产）

×市盈率（每股股价÷每股净利润）

在净资产回报率的公式中，净利润÷企业净资产的分子和分母也都以每股形式展现，则净资产回报率＝每股净利润÷每股净资产，那么净资产回报率×市盈率，则处于分子的每股净利润和处于分母的每股净利润消掉后，就等于市净率了。

如果没有管理会计的基本训练和对资本市场的基本认识，大多数人看这个公式是非常迷茫的，市净率和市盈率为什么会受到净资产回报率的影响？然而，如果我们撇开计算，思考企业的业绩回报和市场对企业的价值认可的关联度，我们会发现以下的现象：

第一，企业的净资产回报率如果很高，而且每年还能不断提高，例如，贵州茅台、格力电器等，资本市场就会给这些企业较高的估值，如果从市净率角度来看，就是对企业的净资产的充分认可，则市净率会较高。而企业的业绩很好，净资产回报率较高，意味着企业的净利润较高，这会使得企业的市盈率相对偏低。故此，在资本市场上，茅台、格力这样的企业都会出现企业的高净资产回报率、高市净率和低市盈率的状况。

第二，与此相反，企业的净资产回报率如果较低，而且未来还有降低的趋势，则市场对企业的净资产并不认可，认为其创造价值的能力较弱，故此不会给其较高的估值，则市净率会较低。同时由于企业业绩惨淡、净利润较低，就会使得企业的市盈率出现相对偏高的情况。在资本市场中，很多业绩欠佳的企业都是市净率较低，而市盈率较高，同时净资产回报率较低，股价非常低迷，原因就是如此。

第三，有的企业的净资产回报率虽然很高，如公路或者铁路等企业，但是股价却比较低，而企业的市净率和市盈率因为股价较低，也变得很低。这是什么原因造成的呢？大家都知道，资本市场的定价是未来企业业绩的折现，而如果有的企业净资产回报率很高，但是未来却没有什么变化，例如，高速公路，每年收费的数额大致是类似的，很难出现巨大改变，则资本市场会认为这类企业未来的发展有限，不会给它们很高的估值，这就形成了企业的估值偏低的情况。

第四，有的企业的净资产回报率虽然现在较低，但是资本市场却给它较高的估值，市净率和市盈率因为股价的原因都变得较高。这里面的原因和上面第三种情况很类似，是因为投资者认为企业未来的业绩会发生明显的变化，净资产回报率会变得较高，故此将未来的业绩折现回来后，给予这类企业的估值就变得很高。在中国资本市场中，过去电动车的原材料锂的生产企业曾经估值就较高（例如，上市公司赣锋锂业等），因为投资者预期它们会因为电动车的大规模量产而获得大量的订单，从而业绩在未来有巨大增长。

从以上四种情况来看，产生稳定的净资产回报率，并使其在未来不断提高，对企业的外部价值展现和扩大就变得非常重要了。一个企业如果无法有效提升其净资产回报率，它在资本市场中的估值就无法提高，市场对其企业的净资产价值创造能力也就无法认可。故此，企业必须通过企业内部价值创造，提升企业利润率和资产周转率，并有效安全地利用杠杆（这些在以前的话题曾经谈到过），才能提高净资产回报率，从而提高企业在资本市场中的地位，提升投资者的信心，这样能够提升企业的股价和市值。故此净资产回报率有效地联系了企业的内部价值创造和企业的外部价值展现，是企业运营、财务和资本市场发展的最核心的指标。

综观世界资本市场和中国资本市场的发展，那些能够笑傲股市、穿越牛熊的企业，无一不是企业业绩不断提高，净资产回报率稳健的企业，无论是巴菲特所投资的可口可乐，还是中国酒类的龙头企业贵州茅台，它们的净资产回报率每年都稳定地保持在高位，而且利润和市场一直在逐步扩大和提高，这支持了它们逐年提高的股价和投资者对它们的投资热情和信心，也形成了企业最核心的竞争力的财务反映。上市公司要充分认识到，只有不断地提高企业的业绩和净资产回报率，才是企业能够在资本市场扩大市值和达到外部价值展现的最核心因素，并让企业能够真正获得资金和社会的认可。

| 案例 16 |

从股市投资谈对市净率和市盈率的深入认识

每周一到周五的股市,虽然每天交易时间只有四个小时,却牵动着广大股民的心。但是如果问及股民买什么股票的时候,回答可谓是五花八门,有的说是听朋友消息买,有的说是跟随趋势买,有的说是股票的价格不贵买,那么这样的投资逻辑是否正确呢?

一个企业的股票是否有投资价值,不应当看它们的表现,而是应当通过审慎的财务分析来作出正确的决策。在上市企业估值过程中,两个重要指标——市净率和市盈率是投资者广泛应用的,并直接影响了投资者对该股票的购买决定。市净率是投资者付出的股价和企业净资产的比值,公式是:市净率=每股股价÷每股净资产,而市盈率是投资者付出的股价和企业产生税后净利润的比值,公式是:市盈率=每股股价÷每股净利润。相信在任何学校的财务管理的课程中,这两个财务分析指标都是要讲的。然而,因为上市企业毕竟是少数,从事资本市场工作的财务人员也有限,而很多股票投资者忽略了这两个财务指标的内在意义,所以这两个指标的价值和意义并没有完全体现出来。

然而，作为企业投资部的决策者或者基金公司的投资经理，面对二级市场的投资，对市净率和市盈率必须具备深入的理解。市净率体现了投资者对于一家企业净资产的认可程度。在我国，白酒领军企业贵州茅台的市净率为10倍，而钢铁制造企业鞍钢股份市净率还不到1倍，仅有大约0.7倍，两者差异巨大，这说明从投资者角度，认可茅台集团的净资产的价值，而对于鞍钢股份，投资者认为其净资产的价值创造能力较弱，仅仅愿意付出其净资产80%的价格来购买它的股票。故此，从市净率的高低来看，贵州茅台的投资价值显然高于鞍钢股份。然而，巴菲特曾经说过，在股市中"低买高卖"是永远不变的真理。一个企业的市净率高，仅仅能说明该企业的净资产能够创造较大的价值，但是如果从投资的角度来说，说明市场上已经有太多投资者喜欢和认可这个企业，股价已经被抬得很高了，投资价值已经变低了。故此，真正聪明的投资者，应当善于发现净资产价值创造能力很强的企业，并等到因为出现了各种事件使它的市净率降低到一定程度时买入，再等到它市净率提高到自身的预期时卖出，从而获得最理想的收益。这就是有的投资大师经常所说的，股市在绝大多数时候都是浑浑噩噩的，让人打不起精神，只有在有些时候才需要特别清醒。究其原因，就是很多非常优秀的企业，估值包括市净率普遍偏高，不值得买入作为投资，而当股市出现了巨大波动，这些企业的股价定价出现了大幅下降，则是这些投资者应当考虑买入的时机。市净率的高低为投资者提供了衡量一个上市企业在某个时点是否值得投资的重要依据。当然，如果有些上市企业的经营状况不好，市净率很低，也是不值得投资者进行投资的。

市盈率体现了投资者付出的股价和企业盈利之间的关系。例如，如果某个上市企业市盈率是5倍，说明投资者付出的股价，企业能够保持盈利稳定持续5年，则是可以收回的。如果是50倍，则说明企业保持盈利稳定持续50年，股价才能得以收回。显然，如果一个上市企业市盈率较高，总体体现了其估值偏高的情况。然而，由于市盈率是由每股股价和每股盈利构成。股价的高企和每股盈利的低迷都有可能造成市盈率较高的情况。股价的高企显然反映上市企业的估值较高，而企业每股盈利的低迷甚至每股盈利为负值，则体现了企业在现在的经营过程中遇到了困难和挑战，造成了市盈率较高的情况。投资者就要进行具体情况具体分析，有些好的企业，当期盈利很差，仅仅是暂时性的现象，未来很有可能业绩出现大幅度提高，则其市盈率较高恰恰是很好的投资机会，在高市盈率的情况下买入，而低市盈率的情况下卖出。投资大师彼得·林奇就是通过这种思维，在周期性的股票投资方面获得了巨额收益。而与此相反，市盈率低的企业，虽然看上去现在股价可能很低，或者业绩可能很好，但是如果该企业未来的经营情况恶化，反而会造成市盈率变高，投资出现亏损。故此，以低市盈率为基础买入企业，务必要考量这家企业未来的经营稳定性和增长，如果未来经营出现了问题，很可能现在的买入价格就是高点。

市净率和市盈率的投资分析，不能完全以偏高还是偏低作为基础，而是要充分考虑这两个指标出现偏高或者偏低的原因。它们都是由股价和企业价值创造能力（净资产或者盈利）所构成，故此由于股价高企造成的市净率和市盈率较高的情况，投资者应当尽可能规避，不要投资在估值的较高位置，而是应当等待股价下调后再进行投资或者购买。如果由于企业净资产较低，或者企业盈利较低所造成的市净率或者市盈率偏高，投资者应当进行更为谨慎的企业战略分析、经营分析和财务分析，如果能够客观预测企业未来能够出现业绩反转或者提高，现在则是投资的好机会。市净率和市盈率以动态比率的形式展示了一家企业在市场中的估值，也间接体现了企业现有经营水平和未来经营能力变化对估值产生的潜在影响，投资者应当多思考市净率和市盈率中股价和企业价值创造能力中的协同关系和内在影响，在变幻莫测的资本市场中理性地进行投资，获得预期的回报和收益。

案例 17
用本量利分析做管理会计的深入思考

无论是初次涉足商业的创业者,还是在市场打拼多年的成功商人,都经常会思考这样一个问题——卖多少产品,才能保本?买多少产品,才能达到目标利润?自从人类出现商业之后,无论商业规模、体系与模式如何发展,这个问题,就从来没有消失过。而问题的实质,就是管理会计的本量利分析。本量利分析是管理会计体系中最简单最基本的定量模型,却蕴含了非常重要和深远的管理决策意义。

管理会计将企业的成本和费用分为变动成本和固定成本,企业销售产品或者服务的收入减去变动成本,得到边际贡献,当边际贡献等于固定成本的时候,企业达到保本状态,而这个保本点所对应的销售量能够使企业达到盈亏平衡,高于这个销售量,企业才能盈利。举个本量利的简单例子,假设企业生产和销售杯子,每个杯子售价10元,生产和销售每个杯子的变动成本和费用是4元,那么边际贡献就是 10 − 4 = 6(元),如果企业生产和销售杯子的固定成本和费用是 6 000 元,则企业则需要生产 6 000 ÷ 6 = 1 000 个杯子才能保本。如果企业生产了 1 200 个杯子,那么企业则可以盈利 1 200 × 6 − 6 000 = 1 200(元),也就是在 1 000 个杯子的保本点以上需要多生产 200 个杯子,就可以做到盈利 1 200 元。本量利分析是朴素的管理会计概念,直观地反映了企业经营者为了达到经营目标所需要创造的收入或者利润,以及需要的产出和销售量水平。故此,本量利分析,无论对大企业还是小公司,都是规划企业生产和销售极其实用的工具。

然而,本量利分析的价值绝不仅仅局限于企业微观分析生产和销售,它和企业设计营销模式、评估商业风险等都有非常紧密的联系。例如,酒店业就是典型的本量利分析为基础的商业业态,它每年会发生大量的固定成本,包括折旧和服务人员工资等等,而它的收入来自酒店房间的每日销售,故此酒店在进行营销规划和预算计划过程中,一定要通过本量利分析来确定盈亏平衡点,保证酒店必须销售出一定的房间数量从而达到年度的盈亏平衡。这就需要财务和业务进行充分的沟通,锁定对酒店商旅有充分需求的航空公司或者旅行社,通过和它们的合作来提前销售出酒店的房间,以满足企业盈亏平衡的需求。这些合作伙伴的协议价格比门市价格可能低不少,但是因为它们能提供稳定的客源和入住率,也就保证了酒店所需要的营运收入和资金,而酒店在能够保本的前提下,适当提高小型旅游团队或者散客的门市价格,就可以达到提高自身盈利、拉高业绩的结果。故此,我们去旅行的时候,发现自己订的酒店价格和大型旅行社的协议价格差异很大,很重要的原因就是来自酒店通过本量利分析进行营销和定价分析后形成的价格歧视。不仅仅是酒店,商业经济中大量的定价模式都有本量利分析的影子,无论是制药企业的撇脂性定价策略(产品在进入市场后索取高价,以低销售量但是高价格来拉高总边际贡献,进而迅速回收其前期发生的研发成本),还是现在互联网企业的渗透性定价策略(用很低的价格,吸引更多的消费者购买企业产品,以低价格但是高销售量来拉高总边际贡献,从而涵盖产品相关生产销售的固定成本),这些都是建立在本量利分析的思维基础之上的。

企业的经营风险是企业决策者需要时时注意的问题,而本量利分析恰恰以边际贡献为核心，将企业的变动成本费用和固定成本费用分开，让企业决策者能够深思固定成本投放的目的以及和业绩匹配的合理性。没有接受过管理会计培训的经营者，在业绩上升的时候往往头脑发热，盲目进行固定资产的投入和建设，却没有理性和逻辑的计算分析额外的固定投入是否能够产生足够的收入和边际贡献，这就给未来利润下降埋下了伏笔。当经济向上的时候，投入的固定资产会撬动更高的收入，但是如果投资的时点错误，行业情况不理想，产品市场价格下降，那么企业无疑就要销售更多的产品，才能覆盖额外的固定成本，达到盈亏平衡，而这样无疑会给企业带来巨大的经营压力。而企业为了缓和这样的状态，就可能需要放宽信贷，用更优惠的条件来吸引客户，这样又会引起现金管理方面的压力。故此，本量利分析看上去是一个简单的销售保本点定量评估，但却紧密的关联了企业的产能管理、扩产计划、价格制定和销售开发。如果经营者能够从本量利分析出发，系统地将企业成本管理、财务管理和风险管理进行有机关联，企业将能非常有效地预测、揭示、规避管理经营风险，并稳健地创造预期的财务价值。

本量利分析虽然是管理会计技能中最容易理解和掌握的内容，但是在实际工作中对企业的经营决策、职能合作和风险管理有着非常重要的帮助性作用。企业经营者不应当仅仅将其视为一种成本和收益分析的决策工具，而是要将其与企业生产和财务运营紧密联系起来，形成链式和多维度思考，更好地规划企业的投资和生产，同时充分利用各种市场的契机和营销管理的手段，帮助企业提高销售业绩、优化成本，达到并超越自身的经营目标。

| 案例 18 |

从表外融资谈管理会计对公司进行价值评估

  表外融资是非常专业的财务会计语言,定义是如果一家企业使用着某项资产,或者承担着某项负债,而该资产和负债没有在企业的财务报告中显现,就被定义为表外融资。用通俗的例子来说明一下,如果企业 A 租了一个房地产公司的办公室办公,虽然 A 在使用着办公室这项资产,但是它仅仅是每期交房租,是经营性租赁,因此 A 的财务报告里面并没有体现这项资产,这就是典型的从资产承担视角上的表外融资。而企业 B,因为和企业 C 的关系好,帮助 C 从银行融资做担保,承诺如果 C 违约,自己就会承担向银行还款的责任。这就意味着 B 承担着银行的还款义务,是一项潜在负债,但是由于 C 并没有违约,故此这项潜在负债并没有记录在 B 的财务报告里,这也是从负债意义上表外融资。

  表外融资看上去平淡无奇,因为任何企业都不同程度地因为运营和交易的原因存在表外融资的行为,这是企业经营过程中一种长期存在的现象。然而,我们如果需要评估一家公司真实的财务情况和经营发展,单看企业提供的财务报表是远远不够的,而表外融资恰恰是极其重要的思考维度和内容。

管理会计认为，表外融资从财务角度来看，很大程度上影射了企业潜在的风险和损失，这会极大地拉低企业在财务报表中体现的表面价值，让企业的真实财务价值和各种财务问题浮出水面；而从管理角度来看，它又是企业业务模式、内部控制和风险管理的集中反映，体现了企业在发展中自身存在的固有问题和潜在挑战，以及管理者的管理水平和决策能力，这些都会影响企业的实际价值，无论是对其资产质量进行评估，还是考虑对其收购兼并，都是有密切关联的。故此，管理会计要求决策者务必要认真研究、分析和调查表外融资，并做出最合理的判断与决策。

从财务维度来看，企业在负债端表外融资的程度，对于企业价值的影响是极大的。曾经一度风光无限在上海和江浙地区从事钢铁贸易的企业，在钢铁价格一路走高的时候赚得盆满钵满，但是当钢铁价格下跌的时候，却纷纷倒闭或者失联，这并不完全是因为企业经营受制于价格波动，而是这些钢铁贸易企业经营者大量都是来自南方的某个共同地域，有着密切的亲戚和朋友关系，都深度地参与了银行贷款的互保，一份贷款协议甚至几个企业都签了字，这对银行当然是安全的，需要资金的企业也在当时获得了所需的贷款与流动性，然而当钢铁价格走低，一家企业出现了经营危机，资不抵债的时候，另外签字的企业也就会被贷款银行催款，当几份贷款催款通知同时到来的时候，就是再优秀的、能够抵抗价格波动经营风险的企业，也会被如此大量的贷款压垮，这也是大量的钢贸企业红极一时，但是昙花一现的原因。而从表外融资角度来看，这些企业的财务报告的数字没有包括互保相关的潜在负债，在经营良好的情况下非常靓丽，非常有迷惑性；一旦这些负债真正成为企业的责任，企业就会变得无法承担，只能关门大吉。一个管理者，如果对表外融资没有深刻的财务认识，非常有可能会误解企业的真实财务价值，并选择错误的投资决定。

表外融资不仅体现了企业的财务价值，更是管理会计在企业固有风险和内部控制等多方面对企业评估的重要工具。有的企业，表外融资非常频繁，这是企业运营和逐利的要求，例如，美国的金融企业，将债券进行回购抵押，甚至进行反复转抵押，以获得更高的流动性，从而加杠杆来进行投资，这些在美国金融监管的政策都是允许的。但是由于金融公司将这个业务做得过分激进，转抵押次数过多，当债券出现价格下跌的时候，中间转抵押的企业一旦出现违约，整个抵押链的企业就会出现流动性危机。雷曼公司的破产，部分原因也在于此。故此，表外融资也并不是一个纯财务问题，而是企业如何审视、管理和控制自身业务模式，有效地对风险进行防控的重要考量内容。事实证明，对风险管理不重视的企业，表外融资给企业带来的危险就越多。在中国上市企业中，甚至出现了董事长将公司资产抵押获取个人贷款，套取资金后失联的情况。当公司发现这些情况，债权人要求主张权利的时候，企业面临的是账户被法院查封，业务受到严重损害的局面。从表外融资的表象来说，企业这些负债都没有事先出现在企业的财务报告里面，企业业绩也很好。但是东窗事发后，企业从经营业绩到股价一落千丈。而从表外融资的实质来说，是企业在内部控制和风险管理过程中出现了巨大问题，这样的企业从管理者的水平、管理者的素质和管理的能力来说，都是需要被质疑的。故此，表外融资并不是一个简简单单的财务现象，而是透视企业整体管理、运营和风险的重要思考工具。

无论对于企业内的经营管理者，还是企业外的评估师，深刻认识表外融资的意义是非常巨大的。企业内部人员应当因为理解表外融资的财务概念而对自身业绩更为清醒，并提升企业对风险管理和内部控制的有效性，而企业外部人员更不应被企业的财务表象所迷惑，要能够发现和质询企业表外融资对企业财务管理的潜在影响，并能够以此进一步判断企业的管理能力和经营者的素质。只有这样才能让企业不断发展和进步，并能够更客观和深入地理解企业的真实价值和潜力。

第 3 部分 供应链协同与投资管理

案例 19

空姐乘坐网约车遇害事件中的供应商管理问题

2018 年 5 月 6 日凌晨,某航空公司的空姐在郑州航空港乘坐网约车不幸遇害,这引起了社会的高度关注。该网约车公司作为一个知名的互联网企业,发生了这么重大的案件,是非常令人遗憾的。然而本次危机,如果从管理会计中运营管理视角来思考,其实反映的是企业在供应商管理思维和实施方面的问题。本文就借此事件,从管理会计角度来谈一谈供应商管理的问题。

如果乍一看供应商管理这个名词,似乎和网约车公司这样的互联网企业没什么关系,只和实体经济企业相关。作为一个实体企业,因为需要进行大量的原材料采购,而原材料的质量关系到企业生产的产品的稳定性、安全性和客户满意度,故此这些实体企业就必须要进行全面的供应商管理。例如,对供应商的企业进行系统考察、对供应商原材料进行严格的质检、定期召开供应商大会进行沟通交流等,这些重要的供应商管理工作能够有效地降低风险、提高效率、保持产品的质量,并保证客户的满意度。从管理会计中的营运管理出发,供应商管理是企业供应端、生产端和销售端的运营出发点,是保证企业供应链稳定协调发展的核心问题,也是制造性企业及其关注的管理重点。而从财务管理角度思考，有效的供应商管理一般都能够帮助企业降低原材料成本，避免产成品出现问题而造成内部或者外部损失成本，以及规避客户因为质量问题而提出的赔付成本等，故此供应商管理也是从企业财务角度上非常强调的内容。然而在互联网企业中，由于业务模式大量是以平台撮合交易为基础，客户和服务提供者进行交易，平台在服务结束后以抽成作为获利模式，交易越多，抽成越多，利润越大，由于大量互联网企业是以平台第三方的视角来看待业务模式问题，故此对实体经济中的供应商管理可能就没有那么看重。然而，无论是实体经济企业还是互联网第三方平台，如果出现了产品和服务问题，都难辞其咎，均需要承担相关的财务或法律责任。故此，供应商管理的问题对于任何类型的企业来说均是需要关注的极其重要的问题。

对该网约车公司来说，它的供应商就是成千上万在平台上注册的司机，他们为客户提供服务，而收入的一部分按比例上缴网约车公司，虽然网约车公司在这个过程中不做加工，但是这和一个实体经济的商贸公司并无本质不同，商贸公司把货买来，加价卖给客人，如果货有问题，商贸公司要承担相应的责任。而网约车公司的情况也是一样的，就像本次顺风车司机杀害了空姐，网约车公司需要承担大量的赔偿义务和责任。故此，如何有效地管理好这些司机，确认这些司机的背景、能力和服务水平对于网约车公司来说，无疑是非常重要的。事实上，我们在坐网约车的时候，虽然会感叹于互联网给大家所带来的利益，如足不出户就可以打到车、车的档次高等，但是在行驶的时候我们同样也会感受到不少网约车司机在能力上与普通出租司机的差异，例如，有的司机对市内交通非常不熟悉，开车不认路只看导航，这同样也给乘客带来一定的困扰。所以不少乘客去外地出差，首选仍然是出租汽车，因为看重的就是出租汽车司机对路况很熟悉，而且出租汽车司机和企业名字都放在汽车的副驾驶最显眼的地方，身份确认也很容易。显而易见，网约车司机和出租汽车司机在能力方面的差异，影响了客户的满意度，也影响了客户的忠诚度。故此，如果想让更多的乘客坐网约车，势必需要加强对网约车司机的培训，让他们的驾驶营运水平和能力向出租司机看齐。

而本次的空姐乘坐网约车遇害案，更充分说明了供应商管理对网约车公司，乃至于所有互联网企业的重要性。据事后分析，该网约车司机是用父亲的名字注册的，网约车公司并没有核查出来。而有的媒体记者尝试使用了该网约车公司的车主注册流程后，发现如果用别人的身份信息，上传了别人的证件，也可以注册成功。这就产生了很大的内部控制漏洞，也反映出公司在供应商管理方面的缺陷，试想，如果一个实体企业，一个供应商冒用另外一个供应商的名字来供货，这个实体企业没有发现，是不是会出现很大潜在的质量和安全问题呢？其实，无论是实体经济还是虚拟经济，无论是处在哪个行业，基本的管理会计理念，如本文谈到的供应商管理，都是完全适用的。而忽略了这些，企业在运营过程中，即使当下没有出现问题，但是留下的隐患在未来有可能集中爆发，造成企业的利益受损。就像本次事件后，该网约车公司需要重新梳理供应商管理的流程、关键风险点，并对司机的能力进行强化的提高，这样才能规避安全隐患，提高司机的客运水平，并保证客户的安全度和满意度。其实这些工作，如果前几年该网约车公司就以实体企业作为标杆，积极去做和完成，本次事件应当完全是可以避免的。

供应商管理是管理会计"业财融合"中非常重要的维度，它关系到企业产品质量、客户满意度和企业可持续发展，并极大地影响了企业的短期和长期的成本、费用和利润。空姐遇害案，对该网约车公司的财务、客户和社会影响很大，至少会在短期对其品牌声誉产生不良的影响，故此该网约车公司管理层确实应当更加细致地从实体经济视角思考供应商管理问题。当考虑供应商管理问题的时候，企业务必要充分将自身的利益和供应商和客户的利益进行绑定，以供应链的综合视角来考虑经营决策，特别是互联网企业，不应当认为自己仅仅是做平台撮合交易，就能在问题出现时置身度外，而是要充分考虑到营运的实质就是把供应商—生产者—客户的这条供应链做好充分的协调和平衡，规避风险，提高能力，为客户提供最安全、最可靠和最有效的产品和服务，只有这样才能不断提高企业的经营业绩和市场占有率，并成为客户最满意的优秀企业。

| 案例 20 |

从手机的设计和功能谈管理会计中的研发为先

市场上有很多手机爱好者,他们都很关注各款手机的配置和价格,也喜欢把手机买回来进行细细的研究并评论,分析一款手机的性价比是否合适。其实,这也是管理会计所探讨的问题,手机企业发生的成本和销售的价格之间的关系,就是手机爱好者所说的性价比的一个维度。但是如果看到手机爱好者的评论,就会发现,很多手机的设计和功能,却很少有用户提及,例如,一款手机的耳机插口在屏上方还是屏下方,或者手机的电池应当是圆的还是方的,似乎用户并不热衷进行探讨。这个原因何在,与管理会计的思维有什么关系?这就引发了本文要谈的管理会计中的研发为先问题。

如果在生产制造型企业工作过一段时间,就会知道成本管理有一个有趣的规律,就是成本的降低和优化,制造环节中只能贡献10%。例如,一个成本为100元的产品,在制造环节中通过提高效率等方式最多降低10元。既然仅仅能降低10%,那么如果想优化产品的成本,企业管理的真正方向在哪里呢?这当然就是研发环节,也就是创制产品的最起始环节。产品在研发中的成本确定后,基本上产品总成本就已经总体固定下来,制造环节能改进的余地是比较小的，故此，研发环节应当是成本管理中最核心最关键的环节。然而，由于企业往往思考的是研发部门是创新和突破的职责，因此在这方面给予的关注最多，而对研发人员的绩效要求也偏向于企业产品相关创新的内容和数量，所以从研发角度会在一定程度上忽略产品的成本控制，造成创新的产品达到了功能特性的差异化，但是新产品成本优化没有做到位，这实际上就压低了企业新产品的利润，这往往是企业不愿意看到的，却是很多企业一直不断在发生的事实。

从管理会计角度来说，结合成本管理和价值创造，最合理的研发应当是产品创新和成本降低兼顾，实现产品的"差异化"和"成本领先"的协同。这听上去似乎不可思议，因为差异化和成本领先本身就是矛盾的，但是如果仔细分析，我们会发现，需要进行研发的新产品和过去的老产品，一般情况下某些功能或者组成部件是相同的，如果进行合理的设计，是可以做到产品结构和零部件的统一，同时也不会影响用户的应用和喜好，这对企业和用户来说是双赢的局面。例如，上文所说的手机的设计和内部构造，如果企业的研发人员能够多思考，在保证产品稳定性的基础上，把手机的结构进行进一步的梳理，以标准化的思路进行研发，完全可以再进一步地降低成本，让企业获得更多的利润。企业在研发端要求成本降低，并不是要降低新产品的性能和品质，而是在保证新产品性能和品质的前提下，将用户并不关注或者无法关注的产品组成部分尽可能充分利用企业经常用的材料或者零部件，在保证产品稳定性和可靠性的前提下降低产品的成本，这对于企业研发职能来说，是非常大的考验和挑战，但这正是现代企业运营效率的重要环节和反映。

除了以标准化的思维优化成本，研发还需要正确审视体现差异化的产品功能，用正确的研发思路来达到成本降低的目的。研发人员必须要跳出自己的技术舒适圈，要从消费者角度进行换位思考，才能更好地理解用户需求和要研发的产品，从而打造出"成本低、价值高、受欢迎"的产品。我们往往会发现，由于技术人员和消费者的认知差异，一款产品推出后，虽然功能先进，用户往往并不理解或者不感兴趣，造成产品销量不及预期，这是企业非常不乐意看到的。例如，一款高端微波炉，虽然按键琳琅满目，功能众多，但是从消费者角度来说，可能简单热菜或者热饭的功能是他们最需要的。可能他们买回这款微波炉，大量的功能一年都用不了几次，从这个角度说，这款高端微波炉的溢价就没有体现出来，而很多消费者在起始的时候也预测到了这样的情况，因此也不会购买。这种销售场景意识是企业和研发人员都需要在事前进行推演的，并在研发时充分考虑到这种可能性。因为企业无法彻底改变消费者的心理，只能顺应消费者的心理。故此在高端微波炉开发过程中，研发人员务必不能认为功能越多消费者就越喜欢，越愿意出大价钱购买，而是应当仔细评估，精挑细选几个重要并且实用的功能，从而设计出最能吸引客户眼球的新款微波炉，并强化宣传力度，这样才能获得用户的订单，并在产品层面上达到了差异化，同时又优化和降低了研发和生产成本，这才是合理的以差异化和成本领先共同驱动的研发。

我们所接触的日常广告中，经常会有管理会计研发为先的影子，例如，OPPO手机的广告语是"充电五分钟，通话两小时"。手机中有那么多的功能，为什么OPPO就突出了这个特点？原因就是这是用户，特别是商务客户最关注的问题，通话时间长，不关机，让他们能够和客户或者家人保持通话，这点非常重要。而OPPO在这个方面上精准研发，保证了产品的核心竞争力和财务资源良好的投入产出，这就是很典型的在差异化基础上的成本优化。试想，如果OPPO的研发眉毛胡子一把抓，会不会推出的新功能都没有用户喜爱的特点，投放的研发费用还会发生很多，而对企业的生产制造环节的压力还会加大？如果是这样，OPPO的产品就不会有那么多用户和出货量了。这充分说明，研发为先对企业产品功能和成本发生的重要影响，也极大地决定了企业的销售业绩和客户满意度。

　　研发是企业产品从设计到销售的第一关，也是企业价值链环节中最重要的职能，研发管理的能力直接体现着企业管理会计思维和应用的水准。管理者对研发产品内容、功能和用户需求进行充分的剖析和思考，有助于企业不断优化成本、突出产品创新和差异化，并达到研发、生产和客户服务资源的最优化配置。只有这样，企业的产品才能进入用户心中，并为企业创造巨大的商业价值。

| 案例 21 |

从伦敦希斯罗机场旅客路线调整谈约束理论的应用

有一个管理案例,是关于伦敦希斯罗机场的。这个世界知名的机场,曾经受到了客户满意度低的严重困扰。很多旅客抱怨,说飞机降落到希斯罗机场,他们下了飞机在行李转盘等待行李的时间特别长,这严重影响了他们的旅行经历。由于客户满意度是评价机场的重要指标,希斯罗机场对此也非常重视,请了英国最优秀的咨询公司来为其做分析和诊断。咨询公司提出的第一个建议是,更新行李运输和传送系统,但是希斯罗机场立即否决了这个建议,因为现有预算无法支持庞大的改建工程。随后,咨询公司提出了另外一项建议,调整旅客下飞机之后的行走路线,将原来到行李转盘的较短的直线距离改成较长的曲线距离,这样延长旅客的行走时间,配合行李运输和传送,这样就会让旅客在行李转盘等待的时间减少,从而提高客户的满意度。希斯罗机场经过讨论之后,采纳了咨询公司的这个建议,而结果和预想的高度相似,因为路线调整,旅客下飞机行走的时间长了,而等行李的时间短了,客户满意度提高了。

从这个有趣的管理学案例来看,事实上,旅客从下飞机到拿到行李总的时间没有缩短，仅仅是行走的时间变长。等待行李的时间变短，旅客的态度就不一样了，给机场客户服务的压力就变小了。这是什么原因呢？这就是管理会计中的"约束理论"的实际反映。所谓约束理论，是以色列管理学家高德拉特在20世纪70年代创造和发展的理论，它的主要内容是，企业在运营过程中都存在问题，但是要首先找到最主要问题，并把它当成约束，这是最影响企业运营效率和效益的环节，解决约束环节，首先应当考虑"开发"，也就是在不发生成本的情况下优化企业运营解决问题，如果在充分考虑了开发后无法解决约束问题，则企业需要考虑"提升"方式，也就是以投入成本的方式下将约束彻底消除，提高企业的运营水平。约束理论虽然读起来有些晦涩，但是如果关联到希斯罗机场的案例，就非常形象和生动了。对于一个机场来说，客户满意度是至关重要的指标，而旅客大量的抱怨非常影响希斯罗机场的形象，问题的核心，也就是约束，就出在行李运送的速度上。要解决这个问题，希斯罗机场首先要考虑的并不是"提升"，也就是需要额外投资来进行行李运输设施的改建和额外行李运输人员的招聘，而是应当先思考如何进行"开发"，也就是咨询公司后面建议的那样，看看是否能够调整旅客的行走路线，将其行走的时间延长，从而将旅客等待行李的时间缩短，这样不用投入任何额外成本，但是却达到了旅客抱怨减少，满意度提高的作用。此外不少旅客因为行走时间很长，反而觉得伦敦希斯罗机场很大，这甚至还起到了增加客户满意度的作用。希斯罗机场虽然并没有刻意应用约束理论，但是它的最终提高客户满意度的做法恰恰是约束理论的反映，它给机场的运营和客户服务水平提升带来了非常良好的效果。

从希斯罗机场的案例中可以看到，约束理论的思维方式和处理方法，对提高企业运营有效性是有很大的帮助的。不仅是伦敦的希斯罗机场，世界各地的机场基本都是延续这样的方式，将旅客行走时间延长，配合行李传输的过程，这样尽可能减少旅客在传送带前的等待时间。在北京首都机场国际到达厅，我们也有体会，旅客先通关，然后坐一个小火车，到行李提取大厅，而提取大厅前还有免税店，让旅客可以逛一会儿买到自己心仪的商品，再去取行李，这样等待时间就很有限了，而且整个过程也因为免税店购物并不显得枯燥，这无疑提升了客户满意度，而且首都机场也因为免税店的设立获得了大量的收入，这达到了机场和旅客双赢的局面，而这也同样遵循了约束理论的基本思路。

事实上，除了机场的旅客路线设计以外，高速公路收费口的问题解决，也是用了约束理论的思路。在高速公路高峰期期间，往往一个收费口并不是只有一个收费员，而是会有三个甚至四个收费员，他们都是路政临时调配过去的，协助全职收费员进行收费，这样汽车的通行速度会加快，这就是典型的约束理论的开发，不需要投入成本就可以加快营运的速度，并在一定程度缓解汽车在收费口通行过慢的约束问题。当然收费员多，也无法完全解决这个"瓶颈"，那么现在大力推行的ETC收费方式，通过信息系统改造和升级，达到快速通行的目的，就是一种提升方式，目的就是保证汽车能迅速通过收费口，不产生拥堵。约束理论在我们的工作和生活中处处存在，有效地提高了运营的效益和效率。

作为西方管理会计组成部分的约束理论，和东方的木桶理论是非常相近的，目的都是要去关注和解决运营中的短板（约束）问题，这是典型的以有效管理角度去看企业如何思考问题的最佳解决方案和解决过程。而这个方案的制定和过程实施，反映出企业财务资源的最优投放和利用，体现了管理和会计的有机结合。在工作过程中，我们要多去思考，并不是大笔金钱的投入就能带来最佳的结果，员工参与、团队的重新整合、流程合理再造等都可能会解决问题和扭转局面，这些"开发"的工作要充分做足。故此，联想到日本企业曾经在精益化生产中的做法，例如，多启发员工的主观能动性，管理者多在现场进行分析和指导，流程工序重新布局和整合，这些都有效地支持了日本企业的成本节约和运营优化。而这些内容，和约束理论的开发部分是不谋而合的。故此，管理会计的很多理论和技能如果能够学细和学透，会发现它们之间内在有很多联系，而在企业的实践过程中它们也都在大力进行应用，这也是我们需要不断关注，进行学习和研究的方面。

案例 22

从华为的"三把砍刀"谈管理会计的应用

中国著名的信息技术企业华为,在员工管理过程中,曾经形成了适合企业文化的"三把砍刀"理论。即"高层砍掉手脚、中层砍掉屁股、基层砍掉脑袋",这"三把砍刀",乍一听上去很残酷,但是如果我们按照管理会计的理论和实践进行细致的分析,就会发现华为的"三把砍刀"理论确实是企业得以持续发展,不断保持前进动力的基础。在本文中,我们就谈一下华为的"三把砍刀"和管理会计之间的密切关系。

所谓"高层砍掉手脚",是从战略管理角度,华为要求高层决策者务必不要陷入事无巨细的具体工作中,要通过深入思考和前瞻性规划来计划企业的重要战略性问题,并做好决策。我们经常说,不要用战术性和勤奋来代替战略性的懒惰,事实上就是这个道理。而从管理会计角度来说,一个管理者,特别是高级管理者,在预算管理、业务规划和绩效考评过程中,不仅仅需要有深厚的业务思维,更需要具备全面的管理思维,因为企业的发展,应当是业务端和管理端共同来推进的。一个高级管理者,如果总是关注业务的细节问题,是无法将精力集中在团队、产品和经营管理方面上的,而后者往往是企业在发展过程中最为重要的核心因素。在企业的工作过程中,我们也经常发现，一些高级管理者自身技术和业务能力很强，但是战略管理思维不到位，团队带不好，经营进步非常缓慢，拖累了企业的战略发展。华为对高层的"砍刀"，目的就是让企业的高级管理者务必要重视用前瞻的策略和思考来进行管理决策，将宝贵的时间用在管理过程中，为企业创造更大的价值。

"中层砍掉屁股"，意思是从营运管理角度，华为要求中层管理者不能仅仅坐在办公室里面，要积极走到第一线，到"能听到炮火"的地方中，这种管理思维和创立及时生产制的丰田前副社长大野耐一所要求的"管理者要多走动"不谋而合。"中层砍掉屁股"和"管理者要多走动"从管理角度来看，要求中层管理者不能高高在上，惰性十足，而是一定要在工作场所多走访，多调研，充分理解第一线所出现的各种问题，及时解决这些问题和矛盾，并能够给高层管理者最客观最有效的意见和建议，只有这样才能帮助企业达到有效运营的目的。而从会计角度来看，中层管理者的成本是比较典型的固定成本，如果中层管理者仅仅坐在办公室里面，不能被充分调动和运转起来，那么，这些固定成本没有发挥出最大的效力。而如果中层管理者能够经常和第一线的员工一起工作，一起思考，并在运营环节中不断实施改善和突破，那么这种固定成本则可以被视为另外一种形式的变动成本或者作业成本，因为中层管理者在某个环节中投入时间所对应的工资，可以归于这个流程的成本库，并且可以按照作业成本法的方式分配给产品或者服务。这实际就将中层管理者发生的成本很好地和企业的产品和服务进行关联，将管理和营运进行了良好的对接和协调。"中层砍掉屁股"是管理会计在企业应用的落地体现，是企业推崇的一种提高运营水平和效率的管理方式。

"基层砍掉脑袋"，是从战术和技术层面，华为希望基层员工要多关注财务和运营技能的提高，多熟悉企业的业务模式，多研究企业的产品和服务细节，而不要盲目地进行思考，向高层提出种种不合理或者不现实的意见或者建议。在企业的管理实践中，战术层面和战略层面所考虑的角度和问题往往不同，基层员工由于入职时间短，对企业经营了解不够，所处的职位关注的细节多，所以如果提出很多战略性的意见相对来说并不很客观。与此相反，基层员工应当不断苦练基本功，将技术水平和能力提高作为最重要的目标，努力做好领导交代的任务，在实施过程中加深理解和感悟，同时提升自己的竞争能力。在管理会计中，这种方式是运营效率最高，而人力成本最低的方式，也是有效地解决隐性成本很好的方案。如果基层员工经常写"万言书"，吐槽企业战略管理的目标和方向，不仅仅对于企业高层的决策没有产生很明显和直接的效果，反而降低了企业的运营效率，浪费了大量本应投入战术运营的人力成本，同时还干扰了其他正常工作人员的思路，这对企业的正常业务发展无疑是有很大影响的。故此，华为要求"基层砍掉脑袋"并不是不让基层员工去思考，而是要引导基层员工以自己的职责为基础，多研究技术和实施层面的问题，在良好完成上级交给的工作前提下，不断成长和发展，这样对自身和企业来说才是双赢的。

华为的"三把砍刀"管理政策反映了华为在管理过程中以管理会计的大视角对不同级别人员的要求和期待。而更重要的是，它体现了华为能够在以管理会计关注的战略管理、运营管理和细节管理方面，按照各个层级的实际和客观要求来指导管理人员的工作重点和思维方向，充分体现了管理会计以职能为本、以人为本的重要思想，并结合了信息技术行业对战略和战术水平要求很高的特点，打造出华为优秀的管理人才和团队，为企业的蓬勃发展不断注入活力，并以严格的纪律要求管理人员按照华为的企业发展和职业路径前进，这充分保证了企业的发展能够兼顾中短期视角，平衡战略和战术的发展重点，并能够达到在各个层级充分的业财融合，成就一流企业。

| 案例 23 |

从科技驱动下的财务创新
谈管理会计的核心问题

以科技为驱动力的财务创新是现在的热门话题,无论是人工智能、区块链、云计算的逻辑和概念,还是德勤设计的财务机器人的落地应用,都给商业界耳目一新的感觉。财务创新提高了效率,优化了流程,降低了成本,而这些改变触及的就是管理会计的核心问题:促成企业内人、物和财的协同与一致。

针对企业财务共享的运营,一项调查发现,大约92%的CFO认为,财务共享最需要解决的是提高企业费用报销的效率和效益问题。如果大家有机会的话,可以尝试应用一下杭州每刻科技有限公司推出的"每刻"费用报销软件,或者招商银行推出的费用报销软件,它们通过SaaS云平台,帮助企业实现差旅费用的记账、报销和管理工作。软件和企业内部的财务和管理系统对接,也和企业外部第三方商旅服务提供商进行对接,员工可以实时通过手机端,将需要报销的票据通过拍照等方式导入软件,系统自动化进行识别、记录和审批,报销的费用也很快就转账到员工的账户。这相比以前员工需要留心保存发票,必须固定时间提交报销文件,财务进行审批并贴票,出纳再被通知付款的人工流程不知道要方便和迅速多少倍。此类费用报销软件的问世，受到了大量企业的好评，很多财务负责人都称赞这是非常典型的以高科技为基础的财务创新，帮助企业节省了大量的人力和物力，也提高了员工的满意度。

为什么这样的费用报销云平台系统如此受企业的欢迎，究其原因，就是它触及并且解决了管理会计的核心问题。一个企业的运营，无法离开人、物和财，只有三者达到良好的配合和协同，才能使企业的工作效率、业绩效益和竞争力得到提高。而在非自动化时代，这三个因素往往会因为时间和流程问题导致无法进行良好匹配。例如，报销时员工必须要保存好纸质发票，并填写报销单，在财务指定的时间段进行报销，而审核等工作又还要等一段时间，到了出纳环节那里报销拿到现金，可能至少已经一个月了，这还算是快的。而差旅发生后几个月不能报销，费用财务不认的现象也是在很多企业屡屡发生的事实。这些问题的根源就是企业的流程无法支持人（出差的员工和审核的财务人员）、物（报销的提交和审核工作）和财（费用报销的现金流转）三者快速的协同。而像报销软件这样的财务科技的目的就是解决了这个管理会计的"人、物、财"的核心问题。员工从提交报销到拿到报销费用仅仅需要几天，财务记账、报销审批和金额打款基本都是自动化，这不仅仅使报销工作水平和能力得到了巨大的提升，而且现金管理水平和员工的满意度都大大加强。

事实上，"人、物、财"的良好协同一直是优秀企业家和管理人士不断思考，帮助企业发展和提升的重要管理会计问题。早在20世纪的70年代，索尼的创始人曾经针对欧洲企业推出但是没有获得商业成功的科技创新，例如，雪铁龙的油压驱动汽车悬挂系统等，批评了一些欧洲商业人士仅仅注重科学的创新，而不关注技术的改进。他认为，发明创造和商业价值并不相矛盾，而且它必须要通过人的努力从而发挥出对企业和消费者的巨大帮助和影响。这实际上很好地阐述了科技和企业"人、物、财"之间重要的内在联系。而现在的科技发展水平，虽然比当时索尼发展时期要高得多，但是这个管理会计的核心问题仍然是不变的。任何科技驱动的变革和发展，必须要帮助企业解决"人、物、财"的协同问题，才能显现出其价值。我们看到，费用报销系统虽然看上去并没有像诺贝尔奖科技水平那么高，但是却实实在在地解决了包括人力资源激励、资金有效管理、财务流程优化等企业的痛点问题，这确实是科技驱动下的财务创新实现的巨大价值。

2018年8月10号，科技驱动在财务创新领域又下一城，腾讯和深圳税务局合作的中国第一张区块链电子发票在深圳开出，正式实现了发票的资金流和发票流的合二为一，将发票开具和线上支付结合起来，有效地避免了发票填写不实，少开或者不开的问题，不仅有利于企业对发票相关的费用来源进行控制和审批，也有利于国家税务机关对发票的开具和流转进行有效的管理。区块链发票的开具，与企业的财务费用报销云平台系统可以更良好地进行对接，从而将财务管理和企业运营水平提升到一个新的高度。从管理会计的核心问题来看，区块链发票技术的实施，实际上是把企业的供应服务商、客户和税务机关等各个利益相关方的整体和广义的"人、物、财"进行了有效高速链接和协同，使财务运营从企业、政府和社会层面得到更加有效的提升，明显提高了内部管理和外部监管的能力和水平，优化了彼此之间的交易和交流成本，这也是以科技为驱动的财务创新为管理会计"人、物、财"核心问题方面提供的极好的解决方案。

在科技发展不断加速的今天，财务创新以势不可当的速度改变着企业管理方式，也大力冲击着企业经营的理念和思维。不过，任何有效的改变和创新，要围绕着满足管理会计"人、物、财"有效协同的目标进行，只有这样，才能真正使以科技创新为驱动的新时代财务为企业创造更大的价值和财富。

| 案例 24 |

从苹果的经营模式谈企业的外购管理

苹果是大家耳熟能详的电子产品品牌,也是世界上最大市值的企业。无论是苹果的 iPhone、iPad 还是 iMac,都是最为畅销的电子产品。如果观察苹果的经营模式,我们会发现,苹果仅仅专注于研发、市场营销和供应链管理工作,它的产品制造并不是在苹果内部进行,而是外包给富士康等加工企业进行生产。从这个意义上来说,苹果并没有自己的生产设施和基地,应当说是一个轻资产的企业。然而就是这样一个没有生产工厂的企业,却创造出世界最优秀的电子产品,应当说是一个奇迹。而本文,就借助苹果的业务模式,来谈一谈企业的外购管理。

苹果将生产外包给富士康进行,是管理会计中典型的契约式外购生产模式,也就是说苹果和富士康签订协议,富士康按照苹果的要求进行产品生产。在这个过程中,苹果充分地利用了富士康的生产规模、产能和制造水平,完成了苹果产品的生产。而苹果自身并没有发生与生产设施相关的固定成本,从而提高了自身的财务灵活性和流动性。苹果的做法,应当是大量美国企业的典型做法,像著名的体育品牌耐克,也是类似。耐克并没有工厂,产品的生产都放在中国和其他亚洲地区,自己仅仅专注产品设计、品牌管理和营销。

包括苹果在内的美国企业所实施的外购方式对企业的运营帮助是非常明显的，企业通过和可靠的第三方生产企业达成生产协议，保证了产品的质量和数量，自身又不需要投入巨大的前期工厂建造和投产成本，故此能够节省企业大量的资金，而且因为投入资本较少的缘故，还能够有效地提高企业的投资回报率。美国企业的发展过程，也是外购管理不断发展的过程。企业原来一味地垂直整合，以投资控股供应商为代价来保证原材料供应和生产过程的质量稳定，然而这么做，企业的财务资源投入大，也不可能把所有供应商都控股，而且制造业是劳动密集型产业，人员成本又不断增加，同时企业风险又因为供应链相互依存变得很高，一旦出现经济周期下行，企业的经营压力就会非常大。美国的企业逐渐意识到，垂直整合并不是好方法，而以有效外购为驱动的供应商管理才是更好的出路和方向，故此，美国企业不断地通过采购寻源和供应商协同进行第三方契约式生产，帮助自身企业优化成本、降低风险、提高投资回报水平，同时也更有效地提高了企业内部管理人员的管理水平和能力。从这个角度来说，外购生产并不仅仅只是比自制产品省钱省成本那么简单，一流的外购管理水平体现了企业本身的良好竞争能力、内部工作人员的高素质，以及企业与利益相关方的良好行业合作关系。

如果我们再进一步仔细研究苹果的外购生产，我们就会发现苹果仅仅是把制造环节外包给富士康，而研发和市场营销是牢牢抓在自己手上的。而耐克的情况也完全一样。这些在外购管理方面很成熟的企业这么做是有很深入的考量的。无论是苹果产品的制造还是耐克体育用品的生产，在整个价值链环节中应当说都是属于相对容易完成，并且制造技术比较成熟的，中国包括世界其他地区都能找到生产能力和规模符合要求的企业来合作，故此，外购是非常可行的。而更为重要的一个因素是，这些外协工厂仅仅是进行加工制造，并不涉及核心机密技术。联想到日本汽车企业在中国与汽车企业进行合作生产，日企也是仅仅允许中国与其合作公司进行汽车的装配制造，而拒绝关键和先进技术相关的转让以及高科技部件在华直接生产。从这个意义来说，企业的外购管理应当非常注意不能将核心技术旁落，核心技术和核心业务模块的经营要牢牢抓在自己手里，同时还要尽量避免别的企业在进行契约式生产的过程中轻易获得先进技术。

在外购管理过程中，企业很大的隐患在于，如果供应商或者外协企业生产的部件或者产品是高技术的，不容易替代的，一旦出现了不可控的事件将给企业带来很大的经营风险。例如，我国的中兴通讯在 2018 年所出现的问题，就是中兴通讯因为美国的政治政策问题一度无法从美国芯片制造商获取芯片，严重地造成了中兴通讯的生产和经营停滞。从外购管理角度来说，企业应当非常重视这类事件发生的风险，并采取相应的措施尽可能将此类风险降到最低。华为虽然从美国芯片制造商订购大量的芯片，但是仍然坚持自己开发芯片，目的并不是替代美国供应商，而是一旦出现类似"中兴事件"这样的问题时，华为能够比较良好地应对。同时，华为的做法，也是在外购管理过程中，形成足够的向后整合供应商的能力，给供应商足够的压力和威慑，这样才能更好地与美国供应商形成长期的平等合作、协同共赢的关系。"中兴事件"也反映出在外购管理过程中，中兴通讯在核心技术环节外购过程中风险管理有待提高。而华为在外购管理的风险预防方面考虑得更为长远和全面。华为在外购管理方面的做法是值得中国企业，特别是外购部分高科技产品的企业学习的。

苹果的商业成功，其出色的外购管理功不可没，通过与富士康紧密合作，充分利用富士康的规模和技术，保证了苹果电子产品的质量和市场要求的数量，为苹果获得了巨额的收入。同时苹果也充分达到了轻资产运营的良好状态，成为世界商业史上最优秀的公司之一。中国的企业经营者也应当在研究苹果的创新和营销管理的同时，关注其外购管理的方向和特点，从而深入借鉴其供应链管理和风险管理的经验，更好地为中国企业的经营和发展服务。

| 案例 25 |

从北京南站取消地铁安检
谈流程再造的重要性

北京南站的管理在2018年成为很多旅客吐槽的焦点,网友在网上抱怨北京南站座位少、出租车难打、行进拥挤、安检繁杂等等。相关部门看到这些反馈后,行动非常迅速,其中一个很明显能感受到的决策就是取消了北京南站火车出站后,进入北京南站地铁的安检措施。另外,还延长了晚间地铁的运营时间。这样一来北京南站离站的客流,能够迅速被地铁分解和消化,大大降低了南站的拥挤程度,很多旅客都对这个明智的举措拍手叫好。毕竟,北京南站大厅内的旅客无论是在其他火车站上车时,还是无论任何原因进入北京南站大厅时都已经接受过了南站的安检,是安全的。地铁本身就在北京南站的大厅内,地铁的安检并无必要,这种重复的安检让很多旅客不得不又聚集在地铁安检环节,拖慢了客流的行进速度,同时也让旅客抱怨连连。取消北京南站地铁安检的措施,是非常值得赞扬的。

北京南站和企业一样,都需要不断提高自身的运营水平,为客户提供服务。而良好的运营流程,是经营者应当考虑的最核心的问题。北京南站行进拥挤和客流疏导不畅,并不完全是因为南站空间小、道路窄,而是在旅客经过南站的各个流程方面存在一定的问题，改进后即刻提高通行速度和效率。例如，上面所说的地铁安检问题，就是非常典型的流程问题，重复安检本身就没有太大必要，只能造成北京南站大厅的再次拥堵和客户的低满意度，而本次地铁安检的取消，则使北京南站旅客离站的流程效率和效益大大提高，不仅方便了旅客，也减轻了北京南站的管理压力。

北京南站地铁安检的取消，充分说明了流程再造的重要性。管理会计认为，流程是企业非常重要的命脉，决定着一个企业的运营效率和效益。如果企业在不好的流程中运行，则会极大地影响企业生产和服务的水平和能力，故此企业的决策者必须要不断审视自身企业的工作流程，让流程不断地进行优化和升级，这样才能解决企业现有的管理问题，并释放企业更多的潜力，将企业的运营能力提升到一个新的水平。很多时候，流程再造并不需要特别多的财务和科技投入，只需要经营者多去思考和走访，就能够达到非常良好的结果。例如，北京南站的相关领导，在听到旅客的抱怨投诉之后，也是实际走访了北京南站的流程，听取了下属的汇报和建议，就做出了取消南站地铁安检的明智决定，这个过程中，并没有对南站进行任何额外的投资，仅仅就是通过理性的思考就解决了问题。这充分说明，流程再造和提高，需要经营者不断去参与、深入第一线去调研，并且群策群力用最小的成本来达到最佳的效果。丰田生产方式的创使人大野耐一曾经说："希望管理者最好有一年走坏几双皮鞋的精神，不断地在厂区走动和视察，从而发现流程问题，及时解决它们，提高企业的运营水平。"随着精益化生产理念的不断加深，很多企业都要求全员深思流程中所出现的问题，提出建议并且拿出方案对其进行再造。例如，储户现在去银行，会发现大堂经理非常热情，仔细询问储户需要办理的业务，并且积极引导，能够在机器上办理的，就主动指导储户在机器上办理，而不是像以前那样，仅仅是引导储户拿一个号，然后在大厅坐下排队。这说明，银行在重新梳理了大堂经理的职责后，让他们成为业务的主动发起者和执行者，这样不仅方便了储户，而且有效地疏解了银行人工窗口工作量过大的问题。银行对大堂经理职责的重新界定和要求，改善了银行的储户服务流程，但是并不会产生过多成本。

当然，流程再造也并不完全是仅仅通过思考，不投放任何财务资源就可以完全解决问题的。科技的迅猛发展不断冲击着现有的流程，要求无论是政府还是企业，都要积极拥抱科技，并以科技驱动进行流程再造。中国政府最近所推出的惠民政策，例如，中国公民可以在异地换发出入境证件，在部分城市试点车辆异地转籍不需要回原属地办理资料等，就是充分利用了现有的互联网和科技技术，让以前烦冗的申办流程，转变为现有的公民在现有居住地"一次性"甚至"一键式"的申报，实现"数据多跑路，公民少跑腿"的高度优化的流程。而这些，都离不开政府对信息化的大量持续投入。和政府相类似，企业也必须关注科技的不断创新和变化，力争在自身财务资源允许的情况下利用科技和信息化的方式来改善运营流程，提高生产和服务的效率和效益。例如，东莞企业一直倡导的"机器换人"就是通过引入最先进的生产机器和设施，不仅实现 24 小时不间断生产，提高了产成品的精度和质量，摆脱了对高级技工能力的依赖，并降低了工伤率，这就是流程再造的力量。此外，很多企业在财务管理中也引入了在线报销系统，报销人、审核人、记账人和现金发放人不需要再走手工报销流程，而是通过报销人扫描报销凭证，审核人在线审核，机器自动记账，报销费用账户自动划转的方式来进行，让报销走流程的时间大大缩短，极大地提高了财务管理的效率和控制水平，而这样的流程再造都是依靠先进的信息化才能形成的。联想到北京南站的流程问题，相关的领导者也应当在流程再造的过程中思考并且引入科技驱动因素，例如，通过手机 APP 更好地向旅客传递北京南站的客流量情况，在大厅内各个地方加装更多的自动取票机来分散等候客流等，从而更好地利用北京南站的空间，理顺客户服务的流程，进而提高旅客的满意度。

流程再造对企业的意义巨大，因为流程问题不仅仅关系到企业运营前后顺序的逻辑衔接，同时反映了经营者对管理、产品和客户的认识和理解能力和水平，更是客户看待企业是否具有竞争力的重要因素。企业领导者和经营者必须以管理会计的思维来充分思考和看待流程的有效性和合理性，并通过不断的管理优化和科技创新引导并实现流程再造，提高企业的核心竞争力和客户服务水平。

案例 26

从零库存和无库存谈对企业管理会计问题的正确认识

有一定营运管理知识的人士都知道,"零库存"是丰田汽车 20 世纪 60～70 年代所提出的及时生产理念,其目的是避免生产出无谓的库存,强化库存的流转速度,力争在存货仓库里面不积压无用的库存。然而,如果缺乏运营管理或者管理会计的知识,往往会把"零库存"理解成"无库存",也就是企业没有库存是最佳的经营状态,这是极端错误的。因为"零库存"是企业达到了良好的存货流转水平,从采购到生产到销售形成了充分地协同,产品生产完毕就被销售出去,这样企业的库存接近于零。而"无库存"意味着是企业没有采购,没有生产也没有销售,这无异于就让企业停工歇业了。如果一个管理者将"零库存"理解成为"无库存",并用错误的思路来指导企业经营,只去消灭存货,而不关注存货流转的过程和原因,那么将对企业运营产生不利影响。

管理会计理论和技能很多,需要经营者不断学习与提高,对企业管理会计问题的正确认识,也同样是经营者需要面对和正视的问题。在学习和实践过程中,不能因为仅仅明白了表面的意思,就觉得自己完全明白了。事实上,如果不深入研究和分析管理会计的相关问题，很容易走向管理的误区，像前面所谈的"零库存"和"无库存"，就是非常好的范例。不少管理会计的概念，看上去很容易学习和理解，但是在工作中却有着很多变化和适应性调整，这对于经营者来说，形成对管理会计问题的正确认识，实际上是非常具有挑战性的。就如"零库存"，看上去好像是一个库存管理和控制的概念，实际上是供应链各个环节如何能够更好地配合，管理者和员工如何能更好地避免无谓的生产和浪费，企业内部生产过程中如何达到效率最大化的问题。故此，经营者要想真正理解"零库存"，不仅仅要消除"无库存"的错误思想，还需要以业财融合的思维来深入理解"零库存"对企业生产管理和运营财务的巨大影响，这样的能力是企业经营者必须要具备的。

在企业复杂多变的经营环境中，管理者如果不树立正确的管理会计认识，仅仅是教条式的理解管理会计理论的条文则非常有害，甚至很大程度上会影响企业的经营。曾经有一个获得创投资金，坚持一年最终失败的企业家在反思自己的失败时说，我坚信以人为本，为办公室员工提供了丰盛的水果和茶点，每个月在这上面就花费好几万元，但是在公司最艰难的时候，却没有人跟我共渡难关。虽然我们很为这位企业家惋惜，但是这位企业家出现的问题，恰恰是对以人为本和绩效管理方面的管理会计问题理解偏颇。他误认为只要仿照大企业给员工提供丰富的茶点，自己只要拷贝过来，就能提高员工的主观能动性和绩效水平了，但是却忽略了大企业和自己的初创企业，完全是发展的不同阶段的事实。大企业为员工提供良好的福利，是因为与大企业的销售和利润相比，费用微不足道，却能提高员工的满意度。然而初创企业，处于生死存亡的阶段，每一分钱都要用在刀刃上，而每个月将几万元投入到水果和茶点上，不仅仅会浪费宝贵的资金，而且还会让员工对经营者的管理能力产生负面看法，觉得经营者不懂企业需要关注的领域，却在这些方面胡乱花钱。从员工角度来说，他们并不在乎一天的水果或者茶点有多少，而是关注取得业绩后能否获得与之努力相匹配的绩效奖励。故此，当企业现金流紧张，业绩不好的时候，管理者就会觉得水果和茶点的福利没有起到作用，而员工觉得管理者不懂经营，最好还是走为上。管理者错误理解了"以人为本"，最后导致了失败的局面，企业、管理者和员工都没有获得理想的结果。这也是对管理会计问题没有形成正确认识所形成的惨痛教训。

日本企业在正确认识管理会计问题方面，形成了比较好的做法和经验。它们将事、人和财进行有机的结合，用多视角来看待问题的形成和发展，并确定相对应的解决方案。例如，佳能集团在考虑如何更好地研发客户所需要的产品时候，一方面要求研发人员能够有足够的技术水平，另一方面又坚决要求人力资源部门在招聘的时候注重研发人员的情商和沟通能力，避免出现研发人员高高在上，看不起生产人员和销售人员，从而因为孤芳自赏而导致研发产品无人问津的尴尬局面。佳能集团的做法，可以说是抓住了研发中最重要的人的因素，能够透过问题看到本质，如果研发人员技术水平高，又乐于听取和吸收各个方面的建议和意见，那么研发出的产品肯定很大程度上是贴近市场和客户的。佳能集团在研发端对管理会计问题的正确认识，从这个角度来说是很到位的，也是值得相关企业学习和思考的。

用正确的角度和思维认识企业出现的管理会计问题，不仅仅反映出企业经营者的管理水平，也极大地关系到企业能否顺利地持续经营和发展，故此它不仅仅是一个简单的能力培养问题，更是企业战略管理和绩效管理中对经营者需要不断强调和深化的学习与成长问题。企业的经营者必须通过深入的学习和实践，认识管理会计理论和技能在不同商业环境和场景下所出现的变化，更好地将其与各自企业的生产经营实践相结合，从而帮助企业更好地提升自身的业绩与价值。

| 案例 27 |

标准化思维是管理会计的核心问题

中国是茶叶大国,茶叶也是中国人为之骄傲的饮品和送礼佳品。然而,茶叶制品销售量最大的企业却不是中国的企业,而是英国的立顿。立顿的茶产品行销世界 120 个国家,在五大洲市场占有率高达 60% 左右。无论在酒店,还是在咖啡厅,消费者都可以品尝到立顿的红茶、绿茶或者茶包,非常方便和快捷。虽然很多人不服气,认为立顿茶叶的质量和中国名茶有很大差距,但是事实却是,立顿茶叶的销售量、受欢迎程度和品牌美誉度在世界各地,甚至在中国这个茶叶之乡都要高于绝大多数中国的茶叶品牌。

这个现象非常值得大家深思,为什么中国悠久的茶叶历史,高品质的茶叶质量,却竞争不过立顿品牌,其中一个原因就是标准化思维的应用。不知道大家是否注意到,中国人在泡茶的时候是用手一撮一撮地放,放多少需要人酌定,灵活性和随意性很强,虽然茶的浓淡可以按照饮用者需要进行调配,但是这完全取决于泡茶者的想法,未必能让所有客人都满意。此外中国茶都包装在挺大的筒里面,散装的茶叶携带起来比较麻烦。而再看看立顿,茶的包装都是茶包方式,每个茶包 2 克装,饮用者只需要把茶包放入杯中冲入热水即可。如果需要浓一些,就多加一个茶包,如果需要淡一些,让茶包泡在热水中的时间短一些就可以实现。在喝完茶后扔掉茶包,且清洗杯子也非常容易。如果消费者想出去办事或者旅行,拿几个茶包放入随身携带的包里面,也很干净方便。从这个角度来说,世界各地很多人选择立顿是不无道理的。立顿的茶包和中国的茶制品其中一个很大的区别就是标准化,2克的茶包看上去很不起眼,却反映了立顿的标准化产品思维,使立顿的消费者在喝茶的时候口感尽量保持一致,使用过的茶具容易清洗,产品也很易于携带。

标准化思维是管理会计在决策管理方面极其重视的层面,因为它直接关系到企业产品生产成本的降低、流程的效率改善、销售业绩和客户的满意度的提高。西方企业在过去百年的生产经营实践中,不断发明和改造生产工具,力求用机器来控制产品质量和规格,这样不仅能够扩大产品的生产规模,而且也加强了产品生产的稳定性。除了立顿红茶,我们还能发现雀巢的咖啡胶囊机,也同样是标准化思维的体现,咖啡被放入胶囊内,冲泡的时候将胶囊放入咖啡机,按下冲泡键,一杯咖啡就很快做好了,而且每杯的味道非常相近。类似立顿和雀巢这样的例子在西方企业有很多。中国企业对标准化的理解相对比较晚,原因在于中国比较崇尚心灵手巧,强调高水平人工对企业质量的保证。但是随着不断接受管理会计的思维和理念,大量中国企业对于标准化管理也进行了深入的研究和实践。从白酒制品来举例,现在受中国年轻人欢迎的白酒品牌"江小白",它在餐厅里主推的大多是100毫升的小包装白酒,正好是年轻人一顿饭喝的量,既不多,也不少,特别容易接受。这就是企业在充分调查和分析年轻人对饮用白酒的需求之后所做出的包装,市场效果非常好。同时,江小白的每一个酒瓶上的文案宣传均不同,主打产品差异化,这就很好地将管理会计的标准化与差异化两个概念相结合,有力地拓展了年轻人群的白酒消费市场,并获得了很好的品牌知名度和人气。这充分说明,标准化的概念是有很强的商业价值的。

标准化的思维不仅仅关注单个产品,它和企业整体的营运也有着非常密切的关系。麦当劳和肯德基，菜单虽然简单，但是生意却做到世界各地，而中国菜既好吃又好看，但是却无法形成国际性的大品牌。究其原因，还是标准化的问题。中餐因为历史的原因，企业认为标准化就会极大影响其口感，故此对标准化并不热心，伴随而来的是对厨师的高度依赖。而麦当劳和肯德基的快餐产品，本身就是食材的简单搭配，强调的就是高度标准化，没有经验的员工只需要按流程手册进行培训，就可以胜任工作了，这样也大大优化了麦当劳和肯德基的人员成本。事实上，中国的餐饮企业也可以参考在美国各地到处有分店的"熊猫快餐"（Panda Express），它根据美国人的口感和喜好，重点选择了几款最受美国人欢迎的菜品，例如，西蓝花炒牛肉、麻婆豆腐等，菜单简洁明快，食客面对提供的几款菜品，选择也非常迅速，而熊猫快餐在备料、烹饪和员工培训方面也变得简单很多，成本也控制得非常好。熊猫快餐也达到了中餐标准化的运营模式，在美国也非常受中餐的食客欢迎。熊猫快餐的例子说明，标准化并非不可实现，只要经营者多结合市场和运营思考和分析，都可以实现不同程度标准化，帮助企业在运营各个环节开展有效管理和控制。中国现在很多的餐饮企业，也不断研究如何对菜品实行严格的标准化处理，以及利用标准成本方式来有效控制菜品的成本。例如，起源于我国台湾地区的鼎泰丰，摸索出一套非常成熟的，针对小笼包和面条等传统中式菜品的标准制作要求和流程，这很好地保证了鼎泰丰在世界各地分店品控管理和客户满意度。鼎泰丰的成功也是非常值得称赞的标准化思维在中国企业的落地实践。

标准化思维是管理会计理论中非常核心的概念，也是企业运营和营销实践中需要最深入关注的问题之一。事实上，如果现代工业和商业没有标准化来推动，我们甚至根本无法享受大量优质产品为我们所带来的便捷和益处。随着中国经济的不断发展，大量中国企业也必然会更加正确和深入地理解、认识和实施标准化，用正确的管理会计思维和技能打造出一流的产品、营运和营销，实现企业的跨越式增长。

第 4 部分　企业战略、预算与绩效管理

案例 28
从特价菜谈企业产品获利能力

在北京,有一家东北家常菜连锁餐厅,它的一个特色特价菜是炖肘子,非常便宜实惠,一份才 28.8 元,基本上食客都会点上一份。而且因为炖肘子又好吃又便宜,吸引了很多年轻人下班后或者休息日来就餐,一桌点上一个炖肘子和几个爱吃的菜,再加上几瓶啤酒,吃得非常尽兴。于是特价炖肘子就成了餐厅的标志性招牌菜,到了饭点儿的时候食客很多,因为大家都愿意经常来光顾这家餐厅,炖肘子也成为消费者点的最多的菜品。客观地说,炖肘子卖 28.8 元,在物价较高的北京是不贵的,考虑到食材和人工的成本,餐厅从这道菜中也赚不到太多钱,只能靠走起量来才能获得利润。然而,为什么这家餐厅坚持把它一直做成特价菜呢?这就涉及本文要讲的管理会计中一项重要的思考——产品获利能力分析问题。

从管理会计视角上看,企业的产品,无论是餐厅的一道菜,还是超市卖的一种商品,都要从为企业创造价值并且获利这个视角去考虑。通常来说,一个产品如果无法获利,就无法直接提升企业的财务价值。然而如果本身不能直接获利或者获利很低的产品,却能够有效地帮助企业的其他产品获利和价值提升,那么对于企业来说也是非常好的并且非常重要的产品。这家餐厅的炖肘子，价格卖得很便宜，每桌都必点这道菜，任何消费者不需要复杂的计算，就能够知道这道价廉物美的菜，商家基本上不能赚太多钱。然而，买的不如卖的精，这家餐厅的目的在于，用特价菜将食客吸引进店，通过其他菜品来获利。任何一桌消费者，不可能仅仅就点一个炖肘子，还要配其他的菜和酒水，只要点的一桌菜利润合理，商家自然就是赚到了。如果用流行的商业语言来形容，特价炖肘子，就是这家餐厅"引流"的产品，食客进店后消费其他的菜品，才是商家的获利来源。

商业上的这种"引流"概念，和管理会计的产品获利能力分析，仅仅叫法不同，实质是非常类似的。我们思考一下，不仅是餐饮业，其他行业也都存在这样的情况，例如，家乐福和沃尔玛超市，每周都有特价产品，价格特别低，甚至感觉是卖的多会亏的多。这吸引很多居民去逛店购买，而消费者结账出来后往往发现，买的东西远远不止这些特价产品，还包括很多正价商品，花了不少钱。而超市也非常高兴，因为销售量提高而获利，并且还弥补了特价商品的亏损。超市的每周特价品和餐厅的特价菜，除了行业不同，营运思考方面可以说是完全一致的。

管理会计的最大魅力就是能够通过分析大量的现象来看透问题真正的本质。我们现在经常提的商业思维和模式，大量都是管理会计决策分析的理论反映。产品获利能力分析也不例外，例如，除了上文中所提的"引流"，互联网企业经常提及的"生态系统"概念，很大程度上就是建立在产品获利能力分析的基础上的。我们经常听到一些互联网大咖提到这样的说法："企业要建立一个'生态系统'，通过提供'令人尖叫的产品'，让客户进入生态系统，和企业保持很大的黏性，使之成为企业忠实的粉丝和消费者。"这种听起来非常高大上的说法，实际上就是以产品获利能力分析视角来获得更多客户和利润。互联网企业小米，将红米手机定价定得很低，宣称是供应商收取的原材料价是多少，手机就卖多少钱，这种低价销售产品的方式吸引了大量的消费者,并使他们成为所谓的"米粉",这样就能够更好地帮助小米推广它的其他产品和服务,创建了它的生态系统,而这个过程的核心还是小米的红米手机,它便宜得"让消费者尖叫",产生了大量的小米忠实用户。利用低价格甚至亏损价格的产品引流,帮助扩大企业的整体销售和利润,这是任何行业和企业的普遍做法。故此,小米生态系统的建立,与餐厅用特价菜来吸引和维系食客关系和超市用每周低价来吸引大量的消费者,从实质上没有太大差异,都是管理会计中产品获利能力分析在不同行业中的反映。

当然,产品获利能力分析在强调低价格产品引流的过程中,也要求企业同时重视该产品的获利能力。不能盲目地因为产品低价格而拉低企业的美誉度并且过度消费,造成企业的利润流失。例如,餐厅规定,特价菜每桌仅能点一份,如果多点就要恢复原价。这就是在用低价产品"引流"的同时,尽可能保持该产品的获利能力,也在给客户优惠的同时,告知客户"特价菜"的实际成本并不低,也体现了餐厅的菜品品质。与此相类似,超市一般都是每周做特价,各种产品轮换打折,很少是一种产品持续打折,道理也非常类似。超市希望告知消费者,企业愿意让利销售,但是并不是打折的产品都是消费者想象中那么便宜,只能有这么几天会打折,而不是长期优惠,这样不仅会促使消费者购买,而且还不会在消费者心目中堆积该超市产品廉价低质的错误观念。而互联网企业小米,在红米手机大获成功之后,现在的手机品类已经基本脱离了低价的产品线,原因也是在建立了自身的生态系统之后,并不需要低价产品再进行"引流",而是要不断提高现有产品和新产品的获利能力,为企业创造更大的价值。充分理解在经营发展的不同阶段,企业如何有效地进行产品获利能力分析和应用,对企业提高运营效率、更好地服务客户和改善财务业绩是非常重要的。

这家东北家常菜连锁餐厅的炖肘子,看似是一道餐厅特价菜,其实是管理会计在餐饮领域中一堂很好的实战课。餐厅充分地利用了在食客心中,东北菜量大实惠的定位，并用炖肘子这样最体现东北菜豪放风格的产品，通过优质低价打动并吸引了大量消费者来餐厅就餐，并通过其他菜品来获得企业利润。这种典型的管理会计做法也帮助餐厅获得了无数忠实的回头客，它在北京的连锁规模也越来越大。产品获利能力分析让决策者能够充分思考自身企业的行业定位与优势，分析产品如何进行定价与组合，并以短期获利和长期发展的综合视角来为消费者提供最合理价格的产品和服务，从而达到企业稳定获利和可持续发展的目标。

案例 29

从某上市公司的股票回购谈
企业应急规划的重要性

2017年11月24日，在美国上市的中国某幼儿园连锁企业，被爆出其幼儿园的教师虐待儿童，给孩子带来肉体和精神伤害。这则新闻使得企业的名誉立刻降至了冰点，舆论对其口诛笔伐。资本市场也迅速反应，股价在出现问题的当天就从26美元下跌到15美元左右。然而，企业的管理层危机处理反应非常迅速，也在当天就宣布进行5 000万美元的股票回购计划，这在很大程度上遏制了其股票进一步下跌的趋势，避免了企业市值的大幅度蒸发。首先声明，本文不对该企业的不利新闻内容进行剖析，不探讨其在幼儿园和教师管理方面的问题或者失职，只是从其本次事件的危机管理和财务管理水平来分析，该企业这次股票回购的金额和时点是非常及时而且必要的，管理层也成功地避免了企业在资本市场上出现更大的问题。而这篇文章，就借该上市公司的股票回购谈一谈企业应急规划的重要性。

所谓应急规划，是企业在战略管理过程中要对可能出现的特定突发事件进行前置思考和计划，从而避免危险和损失。应急规划的水平极其体现企业管理层的管理会计应用能力，也是成熟的有经验的企业必备的战略管理思维和工具。试想，该企业如果没有5 000万美元的现金，在面对大量二级市场投资者因为重大负面信息而进行的抛售时，又如何能够挽救企业在资本市场的市值呢？显然是不可能的。正因为该企业5 000万美元的回购计划，让它的股票在市场中才能止跌企稳，避免滑落到深渊。这说明，管理层在企业战略规划过程中也预判到资本市场可能出现类似的问题，并预先配置了相应的财务资源来进行规划和应对，这样才能在问题出现的时候最大限度地降低企业的市值损失。与此相反，其他的一些上市公司，当出现市场不利消息的时候，因为没做任何相关的应急规划，没有现成的资源可以调配，那么要么看着股票在资本市场一直滑落，要么就是只能把股票做停牌处理，但停牌后也没有什么很好的方式，恢复交易后股价仍然飞速下降。这充分说明，这些企业的应急规划能力和水平亟须提高。

与应急规划相关的事件不仅出现在美国市场，在中国的资本市场上也经常发生。例如我们经常谈到有些上市企业号召员工增持自己企业的股票，并承诺如果员工增持超过一年，而且不离职，那么大股东不仅承诺为员工增持的股票保本，而且甚至保证至少10%的收益。这个听上去感觉大股东很慷慨，也很为员工着想。假如员工增持的股票一年亏了2%，大股东会履行承诺补给员工12%，这不是很好吗？但是如果转念一想，这不合适啊，毕竟大股东的资金应当多，他们应当增持自家企业的股票才对，让员工这样的小散户去增持而且承诺那么高的回报有什么原因呢？事实上，是因为大股东已经把自己持有企业的股票都基本质押了，没有额外的资金再增持股票了。他们在以前乐观地认为中国资本市场中不会出现极端的情况，也不相信自己企业的股票能出现大幅度的下跌，故此也没有做任何应急规划，只是放心地将自己的股票绝大部分进行质押，拿到钱后进行经营或者投资。但当出现紧急情况的时候自己一筹莫展，只能寄希望用企业员工的有限资金将股票托住，同时期待市场好转，避免自己质押的股票爆仓，这种情况在2015年、2017年、

2018年已经在上市企业中一定规模出现过,然而很多企业仍然没有把这种风险考虑在战略规划之中,并且没有进行财务资源的提前安排,导致风险发生之后,自己手忙脚乱,企业的利益也受到很大的损害和影响。这都是应急规划做得不充分的具体体现。

企业如果需要可持续发展,就必须要做好风险的预判和防范,并利用现有比较充沛的财务资源来应对潜在的危机。管理会计中所强调的风险前置性管理,和应急规划有非常紧密联系。应急规划适用于以资本市场为代表的虚拟经济,它在以企业的运营和发展为核心的实体经济中扮演着更加重要的角色。从小的方面来说,我们在做财务预算和销售计划过程中应当思考是否会有紧急情况的发生,是否在财务投入和其他资源投入方面已经做好了准备。例如,佳能在预算过程中坚持产品质检的费用不能降低,这就在源头上避免了风险的发生,也降低了产品出现问题给企业所带来麻烦的可能性。而从大的方面来说,应急规划应当关注本企业未来可能出现的经营风险,或者现有竞争者和潜在竞争者可能会出现的行动,来设计和实施一系列策略和业务计划。从目前的星巴克和瑞幸咖啡的商业大战里,我们也能看到,长期在中国没有对手的星巴克,其实在前期也进行了精心的规划布局,比如,要求入驻的商厦和星巴克必须签署排他性协议,要求供应商对星巴克要有高忠诚度和有选择的排他性,就是提高行业进入壁垒,预防瑞幸咖啡这样的新竞争对手希望以大笔资金投入来进入市场。当然星巴克和瑞幸咖啡的竞争还在继续,但是我们能够发现像星巴克这样的西方企业,将应急规划和战略规划合为一体,有针对性地考虑了未来可能出现的不确定性,这种管理会计意识是值得快速发展和走出去的中国企业学习的。

当然,我们在看待和思考应急规划的时候,绝对不能刻舟求剑,过去的成功经验可以借鉴,但是不能机械地套用在未来出现的情况上。例如2015年"股灾"的时候,上市公司倡导员工增持股票,员工踊跃购买,而2017年部分上市企业用同样的应急策略,员工却响应寥寥。为什么原来用的应急手段两年后就不灵了?根本上还是市场和商业情况发生的变化,由于2015年利率较低,而2017年利率从紧,企业的业绩会因此受到一定影响,员工并不像2015年那样对企业未来的发展信心爆棚,而是以谨慎乐观的态度看待企业的发展,所以,员工对大股东的倡议就没有那么积极和主动,使得要求员工增持的应急计划没有达到预期的效果。故此,应急规划,不能完全以历史的视角来规划未来,而是要充分进行前置预判式思考和场景分析,这样才能更好地针对企业未来可能出现的问题进行有效的风险规避、控制和管理。

| 案例 30 |

从西贝莜面村的小沙漏谈例外管理

在管理会计的实践工作中,有一项最难进行的财务和管理工作就是如何更好地匹配投入的成本和收益。有些工作,投放了大量的成本,但是没有达到预期的良好的收益,对企业来说是得不偿失的。如在销售管理中,企业投放了大量的广宣费用,却无法获得良好的销售业绩,就是典型的例子。而在其他运营环节管理中,企业花大力气投入成本或者费用形成的机制,但是却对提升企业管理效果收效甚微,这是非常遗憾的一件事情。故此,管理会计要求企业在工作过程中,成本管理、绩效管理及运营管理要以例外管理的思维多进行思考,力求达到最佳资源配置和回报。

什么叫"例外管理"?这是管理会计的一个独有名词。管理者面对企业各种问题和事件,不可能面面俱到,也无法以数学这样的精细程度来进行解决和处理。故此,企业管理者必须关注并且找到那些可能会超出自己预期的问题,并设计出制度和方式,用最优化的投入来达到最精良的管理和控制。这就是例外管理。本文就以西贝莜面村的小沙漏为例,来介绍一下管理会计的例外管理的思维与决策。

西贝莜面村是中国著名的餐饮连锁企业,菜品和服务受到了广大消费者的青睐。大家去西贝莜面村吃饭，在点完菜之后，会发现服务员在桌子上放一个小沙漏，并向客户承诺 25 分钟内一定将菜上齐，否则会免费送上一个菜作为补偿。而这个小沙漏就是计时的工具，消费者可以用小沙漏进行监督。从普通消费者角度来看，这个小沙漏没有什么，仅仅是一个计时器而已。而对于西贝莜面村的运营和绩效管理过程中，这个小沙漏恰恰成为例外管理的重要工具，支持着西贝莜面村的各个门店客户满意度的评估。

试着考虑一下，如果我们是西贝莜面村的门店服务和客户满意度监督小组组长，我们如何能够用最合理、最优化的方式来获得各个门店的真实运营情况和客户的反馈呢？当然，我们可以不断地派小组成员下到各个门店，获得第一手的资料和情况，并和客户进行直接沟通交流，但是面对西贝莜面村全国这么多门店和消费者，这样的成本无疑会太高，效率也会很低，做出的管理决策分析也一定非常缓慢，这是无法达到企业预期评估效果的。但是，如果把评估的手段和思维转换一下，不要自己去亲力亲为，把这个工作交给消费者，那么是不是会更简单和迅速呢？西贝莜面村就是这么考虑的：通过对门店运营能力的评估，将上菜时间定到 25 分钟的标准，而超过 25 分钟上菜，属于运营中的不利差异，一方面会导致消费者的不满和抱怨，另一方面也是企业在运营过程中需要分析和解决的问题。消费者是和这些不利差异最相关的，不如把发现问题和评估的责任交给消费者，让他们提供第一手的数据，而小组会根据这些数据来对门店的经营和客户满意度进行实时的评估。在这样的思考下，小沙漏的作用就体现了：消费者亲眼看着小沙漏的计时，25 分钟后如果菜还没上齐，门店就要兑现承诺，免费送一道菜平息客户的抱怨。门店的点单器也会记录上这道送菜，作为在运营时出现服务时间偏离的证据。而西贝莜面村的门店管理小组会同时监控这些证据发生的数量和时间，对各个门店的服务水平就很容易进行评估和改进了。

小沙漏的这种方式，成本很低，给客户送一道菜，一方面能让客户满意，另一方面也把监督的工作交给了客户，减轻了门店管理小组的工作压力，同时能够使所获得的数据更加客观和科学。试想，即使管理小组成员微服私访，也不可能不被门店的经理或者员工认出来，那么数据又怎么可能精准呢？而小沙漏的方式，面对的是所有来光顾的消费者，一旦出现上菜不及时的问题，被记录在系统中，都是客观真实的，故此在这些数据基础上进行经营分析的价值意义就很大了。而这种低成本，低投入的方式，又使得西贝莜面村能够很好地发现、管理和解决门店所出现的不利差异，不断提高企业的服务水平与品质。应当说，西贝莜面村在这方面的例外管理工作做得是非常出色的。

此外，小沙漏的例外管理方式，也充分体现了拉动式生产管理的精髓。所谓拉动，就是客户提出需求后，生产就要迅速启动并且运转，以及时高效高质量的满足这个需求。因为上菜是餐饮服务的最后一个环节，25分钟菜上齐虽然是西贝莜面村给自己制定的服务标准，这也成为消费者对各个门店的服务要求。故此，在25分钟客户要求的拉动下，西贝莜面村的各个门店必须要在限定时间内完成菜品的制作和传递，不能出现失误。在这个过程中，西贝莜面村就要更加细致和全面地思考在食品制作和菜品传递过程中价值链运营和效率提升问题，例如，菜品如何最快最高效地完成，前期处理和后期制作如何进行良好的配合，才能让客户等待时间减少？菜品种类是不是能调整，煎炒烹炸的尽可能少一些，煮炖拌的多一些，这样可以在中央厨房处理完毕，门店做一些简单加工就可以上桌了，从而减少备菜时间？服务员和客户的沟通是否有改进余地，避免点菜过程中的误解？这些精益化运营的改进和提高，都是可以从小沙漏的应用中不断进行思考和行动，从而达到企业运营效率增强，成本降低，客户销售额和满意度不断提高的目的。

西贝莜面村通过小沙漏进行的绩效管理，充分说明，企业应用管理会计，并不是一定需要投入大手笔来换回预期的目标和结果，而是要充分考虑经营流程的实质,以及企业人员和客户的诉求,设计并实施出最适合企业运营的方式,才能用最佳路径达到企业的预期目标。而管理会计的例外管理思路,就是希望企业的决策者能够运用最合理的方法和工具,不断提高企业的管理水平和竞争力,并达到成本和收益的完美平衡。

| 案例 31 |

从腾讯微信的应用谈客户获利能力分析

手机微信已经是绝大多数中国人离不开的即时通信工具,无论是在生活还是在工作中,通过微信来进行交流和沟通,是大家日常不可或缺的一部分。如果问大家一个问题:微信赚各位用户的钱了吗?很多人都会摇摇头,说微信是一个免费的交流软件,是不收费的。

然而,腾讯推出微信,就真的是完全免费吗?我们应用微信虽然是不收钱的,但是如果各位用户观察一下微信的"零钱钱包",基本上每天都有一定余额在里面。微信没有给任何用户一分钱利息,但在投资端,微信可以将广大用户钱包的钱集聚起来进行财务和项目投资,获取更大的收益。从这个角度来说,微信赚各位用户的钱了吗?肯定是赚了,因为微信免费零成本地利用了用户的资本,并为自己取得了更高的收益。而微信用户却没有察觉,觉得微信是免费给自己在用,而且用得很顺手。

腾讯的微信在用户不经意之间就完成了盈利,而这只是微信盈利的很小一部分。用户发信息和发朋友圈所留下的网络地址,用户交流过程中所反映的生活态度和习惯,微信都可以进行大数据分析,并能和有需求的企业进行合作,让这些企业能够进行精准营销。在朋友圈里面看到的有些广告,我们发现自己可以看到，但是其他人却看不到，其实就是这个情况。微信虽然看上去是一款免费应用软件，但是盈利是极其巨大的，如果按照管理会计的经典理论进行剖析，微信就是典型的建立在客户获利能力分析基础上的一款经典产品。

客户获利能力分析是管理会计理论中非常重要的组成部分，它强调在绩效管理层面，特别是销售和市场维度，企业需要仔细评估目标用户的产品需求、消费偏好和财务能力，并以此作为基础，联系生产端和研发端，创造出最适合用户的产品，并创造出巨大的利润。客户获利能力分析强调的是"获利性"，也就是必须要将产品的盈利能力考虑进去，产品绝不能"叫好不叫座"，一定要平衡短期财务收益和长期财务收益，将免费的用户转化成付费的客户，这样才能为企业创造出价值。在客户获利能力分析中，关键就是"客户是谁"，这是产品研发和生产的核心。例如，腾讯微信的推出，"用户"可能是广大手机应用者，但是起始的"客户"却应当是企业，因为企业需要手机应用者常住的地理位置，经常的消费习惯和可获知的财务状况来更好地规划营销和销售活动，这能够给腾讯带来更多的商业合作和盈利。故此，产品的研发、生产和运营找对"客户"是极其重要的。虽然这听上去很简单，但是在企业运营过程中，出现偏离的情况是非常多的。例如康师傅推出的一款矿泉水，瓶子塑料非常薄，本意是能够降低售价，和其他产品相比在竞争中胜出，同时让利矿泉水消费者（也就是康师傅认为的客户）。然而最终的销售却不尽如人意，究其原因，是因为矿泉水销售并不是康师傅直接卖给消费者，而是要通过经销商层层出货，由于矿泉水定价就低，经销商的利润就更低，影响了他们的营销积极性，故此该产品的销售就没有达到预期。究其原因，是康师傅仅仅考虑了它的最终客户——消费者，而没有考虑直接客户——经销商，因此造成了产品销售不尽如人意。故此客户获利能力分析找对"客户"是极其重要的。

除了找对客户，客户获利能力分析还强调企业一定要尽可能将财务资源服务于有效客户，并将不盈利或者盈利较少的客户或用户尽可能转换成能为企业创造价值的客户。我们经常听到的是"二八法则"，说的是20%的客户为企业创造了80%的收益，故此企业应当集中精力来维系这20%的重要客户。例如，银行推出了白金卡和黑卡的高净值客户服务，他们享受专门的通道，专属的理财经理和定制化的理财产品，银行也从这些高净值客户获得了大量的收益。这种商业思路和模式从过去企业发展来说是正确的。然而，在互联网的时代，还有另外的一个理论广泛被企业所接受，这就是"长尾效应"，也就是如果从一个客户手中赚一元钱，一亿的客户也可以为企业获利一亿元。例如，微信的零钱包，一个用户可能仅仅有几百元的余额，但是中国几亿微信用户，那叠加起来就是几百亿元的融资规模，而零资本成本给微信所带来的益处无疑是非常巨大的。故此，企业对于"二八法则"和"长尾效应"均应当加以共同关注，在产品研发和推广过程中应当双管齐下，既从20%要效益，也从80%要效益。在中国的很多金融机构，例如工商银行等，现在已经越来越关注小规模储户的盈利状况和趋势，用大数据的技术和工具来分析这些所谓"小客户"的金融产品诉求和融资需求，更好地为企业获利服务。所以，我们在用网银的时候，系统经常会自动告知我们现在的资信可以获得多少融资额度，如何进行申请，这就是银行认识到"长尾效应"的积极影响，在"小客户"端技术和营销不断发力的结果。

腾讯的微信之所以成为一款经典和爆款产品，从管理会计角度来说，是因为它将客户获利能力分析理论落到了实处，在微信应用的基础阶段，它准确地区分了"用户"和"客户"，在扩大用户（手机应用者）基础的同时从客户（有营销需求的企业）获利。随着应用的不断普及，又设计出更多的服务，例如零钱、理财通、信用卡还款等功能，将短期不盈利的用户转化成长期能够给企业创造价值的客户，有效地利用和发挥了"长尾效应"，给企业带来了巨大的利益。在市场上经营的各个企业，虽然从业务模式和客户构成方面与腾讯不同，但是完全可以借鉴腾讯在客户获利能力分析中的管理会计思维和在微信产品设计、应用与推广过程中的实践结果，这样将更好地提高企业与客户的黏性，让更多客户选择和购买企业的产品和服务，维护良好的客户关系并打造富有活力的企业生态系统。

| 案例 32 |

从华为强调第三方研发谈平衡计分卡中的学习与成长

在华为的一次管理座谈会上,华为总裁任正非提出,华为的研发部门在未来要尽可能多地考虑采用华为以外的第三方研发,要学会当甲方,充分利用第三方研发企业的优势来为华为服务,用"美国砖"和"欧洲砖",来修建中国的万里长城,从而降低华为的研发成本和人工成本,并提高研发生命周期管理的水平和效率。

任正非先生的这一席话,虽然是给纯业务端的提示和建议,但是从管理会计视角,特别是平衡计分卡层面来看,则有着非常深刻的学习意义。了解和熟悉平衡计分卡的管理人士都知道,它的一个绩效评估维度是学习和成长,也就是在绩效管理过程中不能仅只衡量企业或者部门的财务指标,还要对企业或者部门员工的工作水平、管理能力和发展潜力做打分制评估,这样才能综合地看待一个企业或者一个部门的业绩和发展。只有人的思想、能力和水平全面提高,企业在进行运营、市场销售和财务管理方面才能不断提升,产生更高的价值。任正非对华为研发部门提出的要求,实际上就是希望研发部高级管理人员对研发业务和管理的认识和理解不断提升,从而能够带领研发部门不断为华为的发展助力。

西方的管理会计实践认为，企业中人的思想是应当最先提升的。由于人天生存在优缺点，故此更乐于发挥优点，而尽可能搁置自身缺点的弥补和改进。人这种内在的属性造成了在企业的工作过程中，一些技术能力很强的员工和管理者，更愿意在技术和业务方面研究和发力，而在部门和项目管理中思考偏少。我们在财务部门中也经常会发现，有的财务经理，自己做员工时财务工作做得很好，但是当晋升后有下属的时候，往往因为下属工作不理想而辛苦加班完成本应是下属需要完成的职责，而下属还经常抱怨在工作中没有获得良好的指导和管理。这种尴尬的局面充分说明了，这位财务经理业务能力很强，但是管理水平不够，导致了团队工作进展缓慢。因为管理者的问题拖住了整体业务实施的后腿，这对于企业的成本和效率来说都是较大的损失。故此，企业必须要提升这位经理的管理视角和能力，而不是完全专注财务技术层面的工作，让他能够更好地管理和支持下属的工作，让下属的水平发挥出来，带领团队奔跑。业务和管理必须要并行，这才是管理者需要为企业和团队负责而具备的能力。

任正非对华为研发部门的期望，也同样反映了平衡计分卡对学习和成长维度的要求。研发部门长期进行内部研发，是存在一定舒适区的。然而，企业如果需要业务提速，需要研发的技术内容越来越多，产品需要尽快投入市场，单靠自身人员的打拼，是无法达到这些要求的。华为现在正是这样的情况，电子产品日新月异，产品竞争白热化，国际市场多样化，这都要求研发部门要快速反应，及时甚至提前研发并成功用于产品上。故此，研发部不能自我封闭，不能仅仅只具有自行研发业务的意识和技能，而是要丰富和提高自己的研发管理能力，成为多家第三方研发机构的甲方，以管理的视角审视华为研发的流程、内容和进度，更好地为华为的战略发展服务。中国的企业要做强做大，需要的就是人和企业在管理能力上不断提升，无论是第三方的研发机构还是第三方的供应商，企业或者管理者都能设计出一套全面系统科学的要求，并有效地对它们进行管理。这才说明企业运营管理在整体上提升了层次，也达到了有效充分地利用利益相关方的资源提高企业的效率、质量和业绩的目标。

平衡计分卡的学习和成长维度不仅仅要求管理者要跳出自身的舒适区，不断地改进自身的不足，让业务和管理达到平衡，更重要的是，要通过不断地提升自己，认识和理解新事物及新模式，让自己保持一种开放和进步的状态，这对于帮助管理者全面地理解问题的复杂度，寻找可实现的解决方案，并保证企业的可持续性发展是非常重要的。试想，如果华为研发部仅仅限定自己做内部研发，就很可能失去对第三方国际和国内研发企业实力的关注，对科技发展的新趋势和新技术也无法和外界进行深入落地的切磋和交流。此外，仅仅做内部研发，不进行第三方研发，就无法让管理者对两个研发场景下的流程、人力、财务、风险等各个维度进行思考和复盘，这也就无法提升管理者的综合管理能力和领导力。学习和成长就是希望企业和管理者能够从财务等不同维度客观逻辑地理解问题、思考问题并解决问题，这样能够积累更多的经验，肩负起企业所交给的重任。任正非先生对华为研发部的期望，也是希望研发部的管理人员能够全面地看待研发的战略和战术问题，全面提升自己的管理视野和思考问题的角度，让作为华为核心竞争力的研发职能真正达到世界一流水平。

华为的研发重点从内部研发业务向第三方研发管理的转变，体现了华为从平衡计分卡角度要求企业管理者的管理能力不断提升与加强，从而更好地面对变化的市场和激烈的竞争，也体现了华为要通过内部管理和外部管理两条线提升企业活力和价值的坚定决心。我们在看待学习和成长维度的时候，不能仅仅将其看待成为企业员工学习新技能和新知识的绩效政策，而是要将其理解成为企业和员工利益一致，共同发展，以开放积极的思维保证企业可持续发展的战略管理工具，思考如何更好地促进和激励企业员工，努力提升自身水平，为企业创造更大价值。

| 案例 33 |

从福耀玻璃美国工厂的劳资纠纷谈权威式和参与式预算编制

中国著名的玻璃生产龙头企业福耀玻璃,作为世界汽车企业的核心供应商,为了更好地进行生产配套,在美国俄亥俄州建立了工厂,雇用了大量的美国当地工人进行玻璃制造。然而,由于经营管理思路、实施细则和当地工人接受程度有一定的差异,工人和工会组织对福耀的管理产生了意见,并形成了劳资纠纷。而当地舆论也借机发出声音,建议福耀的美国工人在企业内成立工会,让工会代表工人来和资方进行谈判,而福耀玻璃的高级管理层坚决不同意建立工会。在和工人进行了细致和耐心的沟通之后,并保证未来管理层和工人之间将达成更紧密的协作,管理层对工人工资和福利给予更多的关注和支持,这才获得了工人的理解和信任。

福耀玻璃美国工厂的劳资纠纷,反映了福耀玻璃跨国经营在人力资源管理方面的挑战,这也是中国企业"走出去"一定会经历的管理问题。然而,从管理会计视角,福耀玻璃不希望引入美国工会的决定不仅仅是以人力资源管理为驱动,也是从预算管理的合理性和财务资源的有效配置方面出发,这就是本文要谈的预算的权威式编制和参与式编制问题。

所谓权威式预算编制，是企业高层管理者进行预算编制决策，控制预算的财务资源规划，而下属进行预算执行的财务管理方式。参与式预算编制，是企业中下级员工和企业高层管理层对预算项目进行沟通和交流，并提交预算数据，企业高层管理者批准该预算的财务管理方式。权威式预算保证了高层对企业战略方向的把控和企业财务资源从上到下的配置决策。而参与式预算能够在一定程度上调动企业员工的积极性，利用员工对业务的熟悉程度来编制预算，但是缺点就是员工在预算中很自然地希望为自己多争取利益，故此会忽视企业的战略目标和经营挑战，并让预算变得松弛，让企业的经营压力在一定程度上变大。不过，预算的编制流程和工会介入企业管理又有什么内在关系呢？这就要从历史上北美工会对企业的影响说起。

在美国和加拿大，工会在为员工争取利益方面作出了非常巨大的贡献，它们代表员工和资方进行谈判和沟通，让企业高层管理者能够倾听员工的诉求，并不断改善员工的工作条件和福利水平，这是非常积极的一面。然而，由于工会作为一个企业员工组织，在经营决策方面和企业高管、资方的认识不同，在问题的解决方案上经常会出现很大的争议，这不仅较大程度地影响了员工和企业管理层的关系，也降低了企业的运行效率。在北美有工会的企业，每年的员工工资和福利的谈判，以及工作条件的提高和改善，都是工会代表员工和企业资方进行，工会提出的部分条件，资方由于企业经营业绩或者未来发展的规划，确实比较难以满足，这就造成了谈判停滞甚至破裂。而工人一旦停工或者罢工，会给企业运营和客户服务带来很大的问题。例如汽车巨头通用和福特曾经多次出现和工会谈判失败，进而员工罢工的事件，企业损失惨重。故此，作为世界汽车企业的主要供应商，福耀玻璃对企业引入工会是慎之又慎的。

众所周知，企业每年都面临着优化财务资源和降本增效的挑战，而预算管理的目的就是能够更好地支持和满足企业的这一目标。管理者必须对于预算项目具备足够的管理权和灵活性，才能够更好地进行预算规划和实施。对于福耀这样的生产制造性企业来说，工人的工资和福利占了企业生产成本的很大比重，而作为一个刚刚在美国立足的子公司，如果这部分的预算和成本每年只能不断调增，没有改变甚至协商的余地，无疑将对企业在美国未来的发展和产品的竞争力产生重大影响。美国通用汽车的工会在历史上曾为通用员工争取到了很高的工资和福利，成了员工工资项目参与式预算的典型，这使得通用汽车的高管在这部分成本优化方面能做的文章非常有限，降本增效也就只能从其他成本出发。由于生产中水电费等变动制造费用和生产设施的固定制造费用都相对稳定，很难有大幅度调减的余地，预算优化和成本降低就只能从供应商和原材料下手，这加剧了通用的采购压力，而低价的原材料又使得汽车的品质下降，返修率增高，与日本汽车的竞争差距拉大。出现这些对企业不利情况并不是偶然发生的，通用在员工工资方面，因为工会介入的参与式预算在这方面就扮演了很重要的角色。相信福耀对美国车企过去的历史发展有研究，它是一定不愿意在未来经历这样的问题。

短期内不希望引入工会的决策对于现阶段福耀在美国的发展无疑是有利的，因为福耀的管理层可以保持对预算管理，特别是员工工资和福利这个重要预算项目的控制权，避免一旦工会成立后进行的参与式预算而导致企业员工工资和福利的快速上涨和额外未预期开支的过度出现。福耀玻璃是劳动密集型企业，它在美国的工厂毕竟还属于初创阶段，过早进行参与式预算将很大程度影响其经营决策、成本控制和人力资源管理，故此福耀管理层避免工会现在介入，保持预算编制的权威性和经营决策自上而下的制定和执行，是正确和明智的管理会计决定。而从福耀美国工厂的做法中，其他企业也应该仔细思考权威式预算和参与式预算的联系和区别，在预算管理过程中应当保证高级管理层在预算项目的决策权，在调动员工或者利益相关方积极性的同时，尽量不要让预算项目被员工或者第三方所控制，成为纯参与式的预算编制，这将会对企业的财务资源配置产生不利的影响，而从长期来看也无助于企业和利益相关方的良好协同与合作。

| 案例 34 |

从长生生物疫苗事件谈企业的
财务价值和非财务价值

2018年7月,中国A股的上市公司长生生物,爆出问题疫苗事件,其生产的狂犬疫苗在生产过程中从工艺流程到生产记录都存在造假情况,严重影响了疫苗的质量,并给社会造成了严重的医疗危机和健康危机。长生生物的股价也一路跌停,让投资者损失惨重。很多投资者惊呼,投资长生生物就是遇到了"黑天鹅"事件,在投资它的股票前仔细阅读了它的财务报表,非常靓丽,才决定投资,甚至长期持有,但是却没想到企业竟然出现这么严重的问题,可能投资会血本无归。

长生生物的疫苗事件,从管理会计层面来分析,体现了企业财务价值和非财务价值之间的博弈关系。我们阅读企业的财务报告和财务指标,能够发现在财务报告的截止时点上企业的财务价值,例如长生生物在2017年的毛利率达到近87%,净利润率为36%,净资产回报率为15%,资产负债率仅为14%,从财务角度上,怎么看都是一家非常好的并且值得投资的企业。然而,企业出现了疫苗问题后,大家发现它的财务价值灰飞烟灭,其中原因就是企业的非财务价值。

所谓非财务价值，就是企业在财务报表中无法用财务数字体现的价值。例如企业领导者的眼界和能力，企业员工的凝聚力，企业生产运营的稳定性和可靠性，客户对企业的评价等。这些都属于非财务层面，用财务数据很难进行直接衡量，并不属于财务会计的范畴，但却是管理会计中非常重要的组成部分。企业的价值是非财务价值和财务价值的有机结合，缺一不可。而财务价值和非财务价值又互相影响，互相协同，成为企业发展的重要驱动因素，以及社会对企业认可的重要基础。

在商业社会中，有很多企业不断展现并且提高其非财务价值，形成了企业的核心是竞争力和利益相关方对企业的高度信任。例如，格力集团董事长董明珠，素以坚韧和毅力出名，多年来凭借自己超强的领导力和管理能力将格力打造成为中国乃至世界一流的制造企业。可以说，董明珠就是格力的名片，是格力最重要的非财务价值的集中体现。此外，A股创业板的龙头企业温氏股份不断致力于农村的扶贫建设，其商业模式一直是农户养鸡养猪，温氏现金回购，让更多的农民能够通过家禽家畜养殖实现脱贫致富。温氏与农民和当地政府形成了稳定的合作和互动，产生了良好的社会价值和影响。这些都是企业良好的非财务价值的体现。而与此相反，有些企业，例如这次疫苗事件的长生生物，在生产环节中弄虚作假，造成产品出现严重的质量问题，影响了广大人民的生命健康，是非常恶劣的负面非财务价值的例子。

企业的财务价值和非财务价值事实上是相辅相成、互为影响的。在管理会计决策层面中，要充分认识到两者之间的紧密协同效应。企业的财务价值，应当被认为是企业的非财务价值，例如领导力、管理水平、客户满意度等的数据化和可视化的体现；而企业的非财务价值，也同样要被理解为是财务价值在运营方面的延伸和实现，因为各个层面的管理行为都一定程度上受到短期和长期财务指标的驱动和影响。格力在董明珠强有力的领导之下，通过"先款后货，淡季打折"的销售和运营手段，有力地扭转了企业财务业绩不佳的状况。而格力良好的财务业绩，又让格力能够大手笔地投入新产品和新技术的研发，形成良好的循环。与此相类似，温氏股份帮助农户养殖扶贫，形成了良好的社会效益，同时也形成了强有力的竞争壁垒，同时达到企业轻资产的运营状态，提高了企业的资产回报率和降低了成本费用的发生。从格力电器和温氏股份的模式可以很清楚地发现，企业非财务价值和财务价值并不分裂，而是合二为一的。本次长生生物的疫苗问题，是生产运营的非财务层面事件，曝光后，长生生物不仅停产，市值也是极度缩水，这也体现了非财务的负面价值一定会导致财务的负面价值这一必然现象。

企业决策者要充分意识到，企业的非财务价值，需要不断的沉淀和积累，才能变成运营的基石，不能因为短期财务利益的驱动，而改变对正确的非财务价值的追求。本次疫苗事件起因就是长生生物因为需要扩大生产和满足订单，将生产流程进行了不正常的调整，导致疫苗质量出现严重问题，也将企业带入巨大的财务危机之中。故此，坚持在正确的非财务价值道路上前行，对任何企业来说都是极其重要的。世界和中国的优秀企业，无一例外都是坚持非财务价值的典范。日本 7-Eleven 连锁便利店的前社长铃木敏文，一直坚持认为 7-Eleven 销售给客户的并不是产品，而是"便利"，他甚至几十年来坚持在 7-Eleven 购买便当和其他产品，就是要让自己不断从客户层面去思考 7-Eleven 的产品和服务，并以身作则影响着在 7-Eleven 工作的管理者和职员，他正直的品格，对管理的严格要求和对客户发自内心的尊重，成就了 7-Eleven 现在的巨大成功。非财务价值已经成为企业可持续发展的核心要素，决定着企业的前途和未来。从管理会计视角来看，无论是企业的管理者，还是外部投资者，都要对非财务价值给予足够的重视和关注，这样才能充分实现和理解企业对商业和社会的积极影响和贡献。

| 案例35 |

从京东"PLUS会员服务"谈企业业务模式设计和发展

随着中国商业竞争越来越加剧,各个企业都在不断思考如何能够设计出吸引消费者、帮助企业盈利,并且能打击竞争对手的业务模式。管理会计认为,一个好的业务模式,是企业战略管理核心的思考内容,能够帮助企业进行良好的财务资源和非财务资源的获得与配置,并能够有效协同包括客户等利益相关方的关系,助力企业的可持续发展。故此,研究过去和现有商业环境中成功的业务模式,并有效设计符合自身特色的业务模式,已经成为各个企业高层非常重视的管理会计实施内容。本文就从京东"PLUS会员服务"谈一谈企业业务模式的设计与发展问题。

电商巨头京东,在中国可谓是妇孺皆知。大到一辆汽车,小到一本小说,都可以通过京东在线购买。过去的几年,京东业务经历了高速发展,京东在服务内容、服务对象、服务区域和服务效率上,其领先地位已经非常稳固。而京东的很大一块业务,就是我们本文要谈的京东"PLUS会员服务",这个产品是京东极其关注并获利颇丰的服务线,也是广大消费者却并不熟知和理解的业务模式。

所谓京东"PLUS会员服务",就是京东向核心客户推出的会员年费制度,参会的会员每年需要支付标准年费298元(按照会员级别有一定折扣),就可以享受京东所提供的各类产品优惠,以及派送费免除、销售返点和京东合作方(例如爱奇艺)的各类权益。京东"PLUS会员服务"推出之后,吸引了大批的京东"铁粉"入会。而对于一般的消费者来说,可能会不太理解,年费298元价格不菲,京东仅仅是一个在线商城,我直接购物不就可以了,为什么要花钱购买PLUS会员呢?

京东"PLUS会员服务"会员制并不是京东的独创,如果研究商业历史上成功的零售类企业,会员制都是其核心业务模式之一,例如,在北美遍地开花、已经计划进入中国的大型超市好事多(Costco),所采取的就是会员制。消费者必须要事先购买价值60美元或者120美元的年会员才能进入好事多购物,否则就会被拒之门外。而很有意思的是,好事多的会员人数和会员费收入每年节节攀升,大量的消费者愿意付这笔钱来好事多购物,而好事多所提供的产品也向来以价格便宜、符合消费者需求而著称,让消费者每次都不虚此行。会员制每年需要付年费,这不仅让其获得了忠诚的客户群,也给其年度业绩提供了有利的支持。同时好事多也不断地优化其产品的价格和品类,这样又与其他竞争对手拉开了差距。如果通过管理会计视角来进行思考,会员制服务的核心目标就是企业锁定忠实客户,并从这部分客户中每年收取稳定的会员费,从而形成较为固定的收入和现金流。同时给予这部分客户各种优惠,增加其购买的欲望和频率,从而提高销售业绩。与此同时,由于会员制是一种消费者现金一次性支付制度,企业获得的现金流可以用于改善运营和优化供应链,这样可以更好地扩大规模,降低产品服务成本、并提升客户满意度。锁定的会员的忠诚度,又对竞争对手形成了打击,因为会员被绑定,就不太会去竞争对手处购物了。在商业环境中,成功利用会员制的企业,几乎无一例外都是非常成功的企业,例如好事多、亚马逊(Prime会员制度)、沃尔玛(山姆会员制度)以及京东等。

　　会员制给企业业务模式的设计和发展带来了什么启示？首先，企业要充分意识到，稳定的现金流和收入是企业不可或缺的，而这些往往是忠诚客户进行了反复购买所带来的，故此必须要通过逻辑合理的方式来维系这种客户关系，并且避免其流失。会员制的核心是虽然要求收取年费，但是经常购买的会员的优惠如果远远大于年费，而且再添加一些会员独有的福利，那么可以说服忠诚客户入会。从管理会计技能角度来说，会员费的收取形成了企业的相关收入，而给予客户的大量优惠，例如免运费和产品打折等等，看上去似乎是企业需要承担的核算成本，但是相关成本却很低，因为类似京东这样的企业，派送员都是要在一个地区每天反复派送，多派送一份仅仅是举手之劳，产生很少甚至不产生额外成本，而产品打折，看上去给了会员一定优惠，但是本质上"会员专享"促进了销售，增量的销售收入要比打折的成本更多，企业反而是获益的。故此，会员制不仅从年度收费稳定了企业的业绩，也通过忠诚客户的年度高频次购买提高了企业的业绩，堪称一举两得。其次，我们会发现一个非常有意思的现象：无论是京东"PLUS会员服务"还是其他企业的会员制，一般消费者的感觉往往是起始不理解也并不想接受，但是一旦被说服入会之后就立刻体会到成为会员的好处，其对企业的忠诚度大大提高，购物的量也不断变大，也能为企业创造更多增量收入。这也说明，会员制的业务模式存在理解和接受的"门槛"，消费者一般必须达到一定收入和业务理解层级，才有意愿成为会员。故此通过会员制，企业就可以有效地将消费者进行分层，在重点服务会员客户的前提下，不断利用各种营销方式吸引和发现潜在普通消费者，使其成为会员，这样有效地将客户忠诚度和消费结果绑定。这也是典型的管理会计中获利能力分析的直接反映。此外，会员制更有力地促进了企业供应链管理能力和战略地位的提高，例如，从采购环节中对产品的种类、采购量和成本控制都能进行以会员需求为驱动的有效目标管理，在营销环节中可以更好地进行有会员消费数据为支撑的逻辑规划和设计，并能与竞争对手进行更有针对性的产品、价格和服务对标和分析。应当说，会员制业务模式是企业管理会计应用和实施的重要展现和手段，也是大量企业，特别是京东这样的零售类巨头获利的重要方式。

  毫无疑问，京东的"PLUS 会员服务"模式，未来将继续帮助京东获得更多的忠实客户，并创造更大的商业价值。和世界著名的零售业企业一样，京东也将通过这种业务模式更好地分析消费者的消费行为、消费结果和消费需求，更有针对性地规划企业包括产品结构和成本管控等一系列核心供应链管理问题。中国的相关企业也应当积极利用管理会计的思维，来思考、审视和实施符合自身经营的会员制体系，从而更好地扩大客户群体，促进自身的运营水平和财务业绩的有效提高。

| 案例36 |

从"BAT企业站队"谈进入壁垒问题

百度、阿里巴巴和腾讯（Baidu，Alibaba，Tencent，简称BAT）是中国电子商务企业的三大巨头，在中国电子商务领域享有巨大的市场份额。在互联网行业，有一个不成文的现象，一个企业如果希望发展，需要和百度、阿里和腾讯中的唯一一家企业形成站队的关系，或者说是要加入其联盟，不能和其他两家再有合作。例如摩拜单车和美团，就是站在腾讯的旗下，而哈罗单车和三江购物都是阿里的联盟成员。当然，企业的站队很大原因是接受了BAT企业的投资，不可以再同时和其竞争对手再有合作关系，但是很多中小规模的互联网初创企业和实体企业，也自觉地在BAT中选边站队，这其中的原因是什么呢？

管理会计中的战略管理部分，强调企业为了更好地在市场竞争中胜出，就要强化市场和产品的进入壁垒。所谓进入壁垒，是指无论市场上现有的其他企业，还是新进入市场的企业，所需要克服的"门槛"。"门槛"越低，企业面临的竞争就会越激烈，"门槛"越高，企业的日子就会相对舒服些。在过去的商业历史上，企业提高进入壁垒，往往是通过资金、技术或者要求的能力，例如进入汽车行业，如果没有足够的资金和技术水平，就无法建立汽车制造厂，而律师事务所，如果没有律师资质，就无法申请执照。而随着互联网时代的到来，信息的透明和个体的能力体现冲击着各个企业，也包括BAT这样的大公司。试想，如果一个新兴企业推出了一项颠覆性技术，BAT自身的竞争实力会大大缩水。故此，需要重新来审视、改进并且提高进入壁垒，这样才能规避潜在的颠覆性风险。通过吸引企业来站队便成为BAT战略发展的重要手段。通过站队，BAT不仅仅能够获得大量企业的支持，而且能最快地了解这些企业的核心技术和掌握的资源，同时也扩大了其服务的消费者的层级和数量，BAT这三个竞争对手之间体量越来越大，谁也无法战胜谁，形成相对稳定的竞争态势，而新的企业，面临强大的三个联盟，如果不选择站队，就很容易被直接打垮，故此要么选择BAT的一方，要么就很快退出市场。所以，BAT的站队策略，是非常有效的战略管理进入壁垒的实例反映。

事实上，进入壁垒的站队策略，并不是BAT的发明，国际航空公司早就发现，通过让航空公司站队，能够有效地锁定目标旅客，提高企业的运营效率，并且更好地和竞争对手进行竞争。因此，它们分别成立了"星空联盟""天合联盟"和"寰宇一家"三个由各个航空公司加入的联盟。中国国航和美国联航等是"星空联盟"成员，东方航空和南方航空等属于"天合联盟"，而香港国泰航空和英国航空等则隶属于"寰宇一家"。如果一个旅客是任何一个联盟内部的航空公司成员的常旅客，他可以享受联盟内航线直接对接，行李无缝运输，里程合并累积，会员资格共享等多种方便和优惠，故此他一般情况下，不会跳出自己的联盟，而去选择其他联盟航空公司的服务。而各个航空公司因为加入了特定联盟，也能够锁定客户，加强了旅客的忠诚度，联盟内各个公司之间的紧密合作，也降低了其运营成本，这样更好地帮助其与所在国的竞争对手进行竞争。而如果新的航空公司希望提高业绩，获得更多的旅客，就必须要站队，选择其中一个联盟，这样才能在激烈的市场竞争中得到发展。航空公司联盟虽然是几十年前西方企业发展出来的，通过提高进入壁垒来达到更好的战略竞争的方式，在互联网时代，这并不过时，BAT三个企业形成自身的生态系统，各个企业选择BAT其中一家进行站队和加入其联盟，实质上是非常类似的。

  BAT的站队策略，也充分反映了在互联网时代，技术过时速度加快，技术创新能够迅速打破一个商业时代的真实状态。腾讯从诺基亚与柯达的失败中吸取了教训，不惜以牺牲QQ当时巨大的商业价值为代价，坚决开发并推出了微信，避免了被竞争对手弯道超车和颠覆。在这以后，BAT公司都特别重视企业站队，形成生态系统的重要性，将不同企业整合在自己身边，有效地利用这些企业的技术优势和资源，来推进新产品的开发和迭代，避免竞争对手捷足先登；同时，开发出来的新产品能够充分利用生态系统内企业所掌握的客户进行适用和推广，扩大了消费者群体，能够很迅速地占领消费者的心智，让其他竞争对手的产品无法捷足先登。在这样的情况下，进入"门槛"被调得非常高，包括潜在竞争对手和现有竞争对手，想要颠覆自己，重新整合市场，是非常困难的。应当说，BAT的站队和生态系统培养，在战略管理层面上，是非常有效的策略，也充分体现了管理会计在战略规划和战术落地中的实际应用。

  BAT企业的站队策略，反映了中国互联网企业巨头对复杂多变的市场竞争格局的思考，也表明企业能够利用自身的优势，通过有效方式提升进入壁垒，提高其竞争力和风险管理水平。虽然互联网企业是大企业，它们的站队做法可能并不能完全仿效，但是中小企业完全可以通过管理会计的视角来充分思考BAT的站队模式，力求在利益相关方之间形成彼此紧密的合作关系。例如，在同一产业链的企业可以进行深度合作，共同实施降本增效、合作研发和资源共享，这样同样能够形成一定深度的进入壁垒，提高自身的市场竞争力，并有效地提升企业的财务业绩。

| 案例 37 |

从 3G 资本的标杆学习谈标杆分析的重要性

3G 资本可能并不为广大中国企业和普通人所熟悉,但是汉堡王和百威啤酒对大家来说就耳熟能详、丝毫不陌生了,3G 资本恰恰就是汉堡王和百威啤酒的投资方和控股股东。这家来自巴西的资本控制公司,年收入已经超过 1 000 亿美元,市值超过 3 500 亿美元。这家公司由三个巴西人掌管,分别是雷曼、泰列斯和斯库彼拉,他们的资产净值达到了 400 亿美元。然而,就是这样一家公司,却简单朴素的近乎不可思议,无论是高管还是员工,出差一律是公务舱,住宿就是普通的标准间,而吃饭也非常简单,最多加一瓶 3G 资本控股的啤酒公司产出的啤酒。3G 资本有一句非常值得深思的话:如果你能够向世界最优秀的企业学习,为什么要重新开始呢?

3G 资本的成功向我们展示了标杆学习的重要性和力量。管理会计认为,标杆分析是企业在绩效改善、业绩提高过程中最应当采取的工具和手段,企业应当和竞争对手、行业领导者,甚至是处在不同行业的企业在财务和非财务指标方面进行对标分析,了解自身的差距和不足,从而仿照对标企业的做法,结合自身企业的经营实际,来改善财务和其他维度的管理水平和能力。3G 资本从创业开始到现在,在员工的人力资源和绩效管理方面,标杆一直是美国的投行巨头高盛，招收的员工建立在 PSD 基础上，也就是招聘那些家境贫穷（poor）、头脑聪明（smart）、有强烈成功欲望（desire）的年轻人，并引入美国式以业绩为驱动的合伙人制度来不断吸引有进取心的员工向企业云梯爬行，这种人力和绩效制度虽然和巴西传统的人力管理格格不入，却构成了 3G 资本能够获得巨大成功的最核心要素。3G 资本在投资零售业和企业办公差旅费用控制方面，不仅近距离地和沃尔玛的创始人山姆·沃顿进行了细致的交流，又仔细研究了沃尔玛的运营方式和方法，从而设计并且发展出 3G 资本对零售业成本控制和自身企业费用控制的方式方法，用节俭朴素、平易近人、最符合企业发展规律的方式来运作企业和财务管理，这不仅帮助 3G 资本获得了很好的投资收益，而且也树立了 3G 资本从管理层自上而下关注成本，拒绝浪费的良性管理风格，这同样也是 3G 资本能够稳健前行的重要原因。而 3G 资本在收购巴西本地南极洲啤酒公司之后，又将百威啤酒作为自身需要学习和提高的标杆。在当时的巴西，啤酒的生产都是靠工厂老师傅的个人经验和感觉，每一批啤酒的味道都不统一，离产品标准化很远。3G 资本将百威啤酒的产品控制和生产管理作为标杆，引入先进的标准化生产管理和运营理念，让控股的啤酒公司不断学习，最终大大提升了南极洲啤酒的质量和口感，这也为 3G 资本未来收购百威啤酒积累了良好的技术基础和经营经验。

  3G 资本在管理会计的标杆分析方面为其他企业提供了很好的学习范例和榜样。对于一个企业来说，以开放的心态学习竞争对手和行业领先者的经验，并将其转化为自身的技能和管理方式，是最快最有效的捷径。虽然很多人都不耻于模仿别人，但是从管理会计角度来说，如果一个企业能够仔细模仿其他优秀企业的标准和做法，并坚决地结合企业自身特点来操作执行，是可以达到事半功倍的效果的。同时，在标杆分析过程中，能够发现企业自身和其他企业之间的经营差距，更好地弥补自身的不足。例如，分析华为的销售、市场、营运和财务，发现华为一年将大约10%的销售收入都投入研发端，这才成就了华为在大量电子产品方面的绝对领先能力和市场份额。故此，现在很多中国企业都以华为为标杆，从财务资源和技术研发实施方面都在不断地研究华为的操作实践，以求提高自身的核心竞争力和客户满意度。这充分说明，标杆的指导和目标力量是非常强的。

当然，标杆分析并不是机械地照搬对方的指标，不顾自身的生产经营实际，而是需要按照自身的情况来进行有效的调整。3G资本在进行标杆分析的时候，也结合了巴西特定的商业环境和消费者情况，例如，在投资巴西零售业的美洲商店的时候，就要求管理层不应当照搬沃尔玛在美国的标准做法，特别是充分信任消费者这个问题，3G资本建议商品一定要加上电子标签，这样能够在偷盗猖獗的巴西避免损失。事实证明，3G资本的建议和意见是完全正确的。标杆分析，给予企业经营者在特定商业环境下正确的理念和做法，而经营者需要将标杆分析的结果和自己企业的外部环境和内部环境进行良好地结合，摸索出一种最适应自身发展的方式，这样才能帮助企业成功。例如华为，在"走出去"发展初期，同样研究了世界性通信企业国际化的发展历程，却选择了"农村包围城市"，先主攻第三世界国家市场，然后再进入发达国家市场的战略历程。虽然华为紧紧"对标"世界一流企业的国际业务量，但是走出了一条最适合自身企业战略发展和内部资源能够有效支撑的道路，也成就了国际化华为的今天。华为的成功也表明，企业要关注标杆分析的指导作用和普遍适用性，也要按照企业自身情况来灵活地制定实施机制和做法。

标杆分析是管理会计理论和体系中非常值得倡导的提升企业经营绩效的方式，也是企业经营者发现自身差距、寻找最佳解决问题方式的理想工具。无论是巴西的3G资本还是中国的华为，虽然处于不同的行业，但是都不断地在各自经营领域寻找能够改善自己运营的标杆，用最快的速度和最短的时间提升企业的竞争力，创造更高的商业和社会价值。

| 案例 38 |

前瞻力是经营者管理会计能力的综合反映

当谈到一个人的能力水平时,我们常常专注于亲眼所见这个人实践类技能的行为。例如评估一个人的计算机水平,主要看他编程熟练度,而评估一个人的财务水平,我们也是观察他进行财务核算或者应用财务软件的能力如何。然而,当评估一个经营者管理会计能力的时候,我们其实应当更关注于他的事前决策和分析能力,通俗来讲,也就是对业务和实务发展的前瞻力。

前瞻力,或者叫洞察力,反映了经营者在管理会计能力应用过程中最综合全面的经验和水平。在商业历史上,优秀的经营者无不依靠过人的前瞻力帮助企业发现机会,并创造了巨大的价值。而很多企业也因为经营者缺乏前瞻力,虽然一度如日中天,但却没有发现迫近的风险,最终导致黯然收场。例如,富士胶片的前总裁古森重隆,准确地判断到数码技术市场化是民用成像技术的未来,以壮士断腕般的决断促成了富士胶片向数码成像技术的转型,同时将传统胶片技术向医学影像纵深发展。这使富士胶片充分获得了数码相机的大市场,又保持了富士胶片在医学影像方面的市场份额和利润,为富士胶片的长久发展打下了坚实的基础。而作为富士胶片的老竞争对手,美国的柯达却因为企业高级管理者瞻前顾后,决策缓慢,错过了转型的大好时机,最终被数码影像时代所抛弃。富士和柯达的境遇，充分反映了经营者的前瞻力对企业发展的重要性。可以说，经营者优秀的前瞻力是企业持续经营和发展的巨大前提和动力。没有前瞻力，企业的任何经营，包括管理会计的运用，可以说是无从谈起。

然而，前瞻力并不是空穴来风，是经营者多年经过不断学习与实践而形成的能力。而这种能力，是以管理会计原则作为基础的，是定性管理问题思考能力和定量财务分析水平的结合。丰田副社长大野耐一直不断追求的"零库存"和"及时生产方式"，在众多人不理解的环境下起步和完善，最终帮助丰田战胜美国和欧洲车企，成为世界汽车市场的巨头。而其核心就是结合了对企业核心财务指标——存货周转率和对企业的流程优化与人员主观能动性提高等管理问题的细致思考。作为生产方面的绝对专家，大野耐一虽然未必系统地学习过管理会计，但是他的精益生产思维理论实际上就是他对企业供应链环境管理会计全面综合的应用。再例如，日本快递巨头黑猫宅急便的社长小仓昌男，也是在运输行业久经沙场的老将。他经过系统地研究发现：小件快递单位运价高，而在同一区域内密集派送能够优化降低成本，并且在日本快递业中小件快递为市场空白，客户需求旺盛；同时自身企业的职工对于企业变革也动力十足。基于上述种种的管理因素分析，明智地做出选择，创立黑猫宅急便。

更重要的是，前瞻力很大程度上反映了企业经营者的风险预防和管理水平。企业进行全面的风险管理，特别是领导者对风险的正确理解和有效控制是管理会计重要的维度之一。管理者必须要具备足够强的前瞻力，才能帮助企业规避风险，在非常不确定性的市场中获得相对确定的收入和利润，并带领企业不断前行。事实上，管理会计中的很多理论和知识，都能够从经营者的前瞻力中得到反映。例如价值链分析中的聚焦原则，要求企业将资源集中在自身最具有竞争力的领域中，这样才能在激烈的市场中胜出。而不少成功经营者的前瞻力，正是企业在风险不断加大的时候充分发挥出来的。传奇管理大师杰克·韦尔奇，在1981年上任通用电气董事长和首席执行官后，充分发挥了自身的前瞻力，他发觉通用电气的大部分产业不能够形成有效的竞争力，或者说在未来几年就会丧失竞争力。故此，他只保留了通用在行业里处于领先地位的产业，把不能达到"领头羊"的产业（哪怕现在是赚钱的）都卖掉了。他甚至将通用电气的电视机事业部和汤姆逊公司的医疗事业部做了交换，在当时被企业和行业内疯狂批评。但是他坚信通用必须要作出变革，无法短期或者长期形成有效竞争力的产业板块只能拖累通用的资源，不能达到良好的产出。而医疗这样的产业，由于大众对健康问题的普遍关注，一定是未来通用电气的明星业务。事实证明杰克·韦尔奇的前瞻决定是完全正确的，他既帮助通用电气规避了高投入低产出的风险，又使企业能够充分利用未来的行业发展趋势集中经营优势业务而获得高收益。优秀经营者超强的前瞻力，是企业风险预防和风险管理的重要手段，同时他们的思路和做法也和大量的管理会计经典理论不谋而合。

纵观商业历史，优秀的企业无一例外地受益于其高级经营者的前瞻力，并在关键的发展阶段因为经营者的高瞻远瞩而得以顺利发展。经营者的前瞻力，并不是他们与生俱来的能力或者素质，而是来自他们在行业和管理职能中的日积月累和反复实践，并将管理与会计的大量决策理论和体系进行充分结合后才得以逐渐形成。中国企业的经营者应当在熟悉管理会计工具和技能的前提下，多学习国际著名管理者的前瞻力，并深入关联其事前决策和管理会计之间的紧密联系，不断引领企业的发展和变革。

| 案例 39 |

"增"和"减"是增量预算的两个维度

经常做预算的财务人员都知道，在进行有些项目或者部门预算的时候，这些预算往往与其他项目的预算呈一定比例的关系，例如销售收入和销售费用，生产成本和原材料成本等，都呈现出密切的相关性。故此在预算的制定过程中就会以一种增量的思维来确定预算的数额，这就是我们经常提到的"增量预算"。增量预算很适合那些收入与成本和费用呈紧密线性关系的企业或者部门。而财务人员如果为了加快预算的编制速度和时间，也会采取"增量预算"的方式来对整体的预算进行规划和编制。

"增量预算"虽然叫增量，但是从管理会计角度，企业的经营者不仅仅要关注如何"增"，即保证成本投入和收益回报的良好配比，而且同时要关注如何"减"，也就是需要思考成本费用的投入如何进行良好的优化和降低，并顺利地保证企业的战略计划和销售市场拓展的执行。增量预算在管理会计层面，已经远远不局限于一种普通的预算形式，而是预算管理工作者认真思考企业的资源配置有效性、管理和流程变革，以及成本控制有效性的重要工具。

先说说"增量预算"的"增"。传统上，增量预算仅仅就某些项目的财务资源配置进行一定比例的调整，例如，如果销售收入提高20%，那么市场费用也应当相应提高20%，或者因为企业规模扩大，预算的数额也就自然扩大。例如人力资源部明年将多招3名员工，则人力资源部的预算也就相应地增加3名员工的工资与福利。这种"增"，并不能说是错误的，但是这并不能全面反映管理会计中对增量预算"增"的部分的要求。企业预算工作者要充分想到，增加财务资源的目的和要求，不仅要以常规思路想问题，更要超前几步为企业进行谋划。例如销售收入预测提高20%，那么市场费用到底应当配置在哪个市场，哪个市场潜力更大，能够给我们创造更多的销售收入，预算管理人员都要仔细地进行推敲。在过去的商业成功案例中，大量的企业因为财务资源预算增得对且增得准，为企业的产品赢得了巨大的市场，跑赢了其他的竞争对手。例如中国商界奇才史玉柱所推出的脑白金，从1997年问世以来，广告费都呈数倍的增长，但是这保证了脑白金的销售量和市场占有率。此外，增量预算的"增"还表现在企业经营者是否能有效地对未来业务的成长预期和布局，这是非常体现管理者的战略规划和思维能力的。例如京东准确地预测到未来电商交易的高速增长，坚定地将财务资源投入在物流运输方面，而阿里也很清楚地意识到云计算对中小企业的意义，在前期投入大量资金设计建立"阿里云"。在这些战略领域预算每年都不断增加投入，充分体现了企业领导者对增量预算"增"的方面的战略前瞻理解。

再说说"增量预算"的"减"，由于增量预算适用于传统的成本中心和费用中心，它们和企业的销售呈现较强的相关性，预算管理者如果不进行深入的思考，财务资源是无法减下来的。如果想给"增量预算"做减法，就必须要对这些部门和项目的运营和流程进行审视和改进，才能达到效果。很多美国的大型企业，呼叫中心都放在印度或者菲律宾，而研发中心很大一部分都放在印度，就是因为这样处理能够大幅度减低企业在成本中心方面所发生的费用，让未来发生的财务资源的需求数量和速度都降下来，以便于更好地进行全面预算管控。而中国的商旅服务提供巨头携程旅行，客户呼叫中心的预算如果仅仅是和企业订单量进行关联的话，每年都是要大幅度提升的。但是携程不仅大幅度地优化网页和手机端的内容，这减少了不必要的呼叫中心，而且将携程的呼叫中心从上海迁移至江苏，这样降低了呼叫中心的成本，至少让"增量预算"的增速降了下来，也减轻了企业的运营成本压力，同时增加了企业的利润。故此，"增量预算"的减，对于企业的经营者来说是重要的挑战，经营者必须要在业财融合和流程再造方面下更多的功夫，才能在预算的规划和管理过程中提出重要的意见和建议，并且真正将增量预算的量和速度都得到有效的降低。

"增量预算"在管理会计中不仅是一种预算编制工具，更是一种思考企业未来发展和变革的方式方法，经营者正确理解"增量预算"的增和减，能够有效帮助企业进行战略落地和资源配置，提升企业运营的水平和质量，利用好预算的指导性和监督性作用，从而更好地为企业的发展服务。

第 5 部分　商业思维与价值创造

案例 40

从燕京啤酒和茅台谈企业成本领先和差异化的价值创造

夏天在北京,最受老百姓欢迎的酒精饮料应当算是燕京啤酒了。虽然过去十多年来物价涨了不少,但是燕京啤酒的价格仍然保持在三四元钱,非常便宜,成为北京居民餐桌上的必备。而茅台白酒则是另外一幅景象,价格从 900 元左右一直提价到 1 400 元以上,甚至出现了市场上一瓶难求的局面。同是酒精产品,为什么燕京啤酒价格如此便宜,而茅台白酒如此昂贵,这又如何通过管理会计思维和工具来进行解释呢?

在管理会计的技能中,很重要的一个内容就是价值链分析。价值链分析认为,企业的价值创造可以通过成本领先和差异化来获得,而不同企业的价值创造基础和目标都是不同的。价值链分析能够很好地解释燕京啤酒和茅台白酒的价格和市场现象问题。

从现实的商业情况来看,有的企业因为产品卖得很贵,获利颇丰。而其他的企业,虽然产品价格便宜,利润率低,但是因为薄利多销,大家购买非常踊跃,这也让企业赚得盆满钵满。这样的市场现象,其实就是成本领先和差异化的实际反映。如果把价值链分析以财务形式表达出来,我们可以针对

企业的资产回报率的公式做一个分解，也就是

$$资产回报率（利润÷资产）=利润率（利润÷销售收入）\\ ×资产周转率（销售收入÷资产）$$

这样就会清楚地发现，企业可以通过利润率或者资产周转率来有效地提高资产回报率。无论是利润率还是资产周转率提高10%，都可以提高10%的资产回报率。不同企业因为行业背景不同和市场对象不同，采取的价值创造策略显然是不尽相同的。

以燕京啤酒为例，它是典型的以成本领先、提高资产周转率为目标的企业。由于燕京啤酒的目标客户是广大老百姓，他们对价格非常敏感，价格的少许变动就可能会影响他们的购买决定。如果燕京啤酒贸然提价，追求较高的利润率，势必会失去很多消费者，倒向价格较高、口感更好的啤酒，这无疑将会影响燕京啤酒的销售收入和资产周转率。故此，燕京啤酒必须要不断稳定价格，有效降低成本，并获得更多的客户，才能达到企业价值创造的目的。一瓶啤酒价格虽然仅有几元钱，但是只要消费者不断购买，产生大量销售之后，燕京啤酒同样可以获得较高利润与回报。故此我们会发现，燕京啤酒的售价十几年变动不大，深受老百姓欢迎，购买源源不断。而企业也同时在成本管理上做足了功课，严控成本，力求达到成本领先。其中消费者能发现的成本管控的一个有趣现象就是燕京啤酒的瓶子尺寸缩小了，从原来容量640毫升减少到了500毫升。有的消费者开玩笑说，自己虽然年龄增长，但是酒量却似乎变大了。然而燕京啤酒瓶子的缩小使其生产成本降低，帮助燕京啤酒在稳定销售价格方面起到了重要作用，也能够和其他低成本啤酒企业进行市场竞争。对于燕京啤酒来说，在生产和销售的各个环节优化和降低成本，通过便宜的价格吸引更多的消费者购买，恰恰是它核心竞争力的集中反映。

茅台白酒的情况就和燕京啤酒有所不同。茅台集团的白酒毛利达到近90%，净利润为50%左右，并以和其他白酒产品口感差异明显著称。如果我们

仔细思考，会发现差异化的产品和低成本的产品非常不同。低成本的产品往往购买人数众多，例如，燕京啤酒，不少消费者几乎每天中午和晚上都要喝一瓶，而差异化的产品因为产品性质和价格昂贵原因，购买人数和消费量会少很多。我们即使非常喜欢茅台酒的味道，也不太可能每天都喝，而是在节假日的时候才消费。这就决定了这类差异化企业的市场消费量是有限的，如果想提高财务业绩，就必须要从稳定和提高产品利润入手，通过利润率的提高来达到价值创造的目标。故此，这类企业往往对自己产品的美誉度非常关注，通过产品不断提价、强化销售渠道管理和加强品牌包装的手段来强化产品在消费者心目中的地位，这样使产品差异化深入消费者观念。茅台集团，不仅过去几年产品价格稳步提价，而且也对销售渠道进行了进一步管控，清理了部分靠低价销售走量取胜的白酒电商，并大力建设自身的电商渠道，保证电商和线下销售的茅台产品价格统一无冲突，以保证茅台白酒在各个渠道的销售利润率，不允许某些销售渠道以吸引客户为目的的低价倾销而影响茅台酒在消费者眼中的高端形象。这使得茅台酒一直在消费者心中保持着国酒的高大形象，也为企业带来了丰厚的利润回报。

那么"成本领先"和"差异化"之间能否相互渗透呢，也就是以成本领先为核心的企业进行差异化经营，而差异化的企业也实施成本领先？从过去的商业发展现象来看，这确实是比较困难的，在国际上多家企业都曾经进行过尝试，失败告终的居多。这些经验和教训，也是我们在学习管理会计以及在工作中应当多关注和思考的问题。在国内，茅台集团多年前就投资了茅台啤酒的产品线，而作为快消品的啤酒，显然应当定位为成本领先的产品，以追求销售量大、资产周转率高而取胜。然而，虽然茅台白酒销售非常火爆，但是茅台啤酒的市场却不温不火，即使和华润、燕京等几大啤酒公司所对标的高端啤酒的销售量仍有很大差距，这无疑也对茅台集团在价值链管理中提出了更高的挑战和要求，我们在未来也可以继续观察茅台集团的进一步管理举措，看看茅台集团是否能够在成本领先和差异化的平衡管理方面有所突破。

| 案例 41 |

从滴滴打车的盈利模式谈边际收入和边际成本

最近几年,"互联网"概念的企业遍及中国大地,滴滴打车是这类公司最成功、对消费者影响最大的企业。拿起手机,轻轻一点,很快就能约到专车或者快车,再也不用费尽千辛万苦,在恶劣天气中的路边苦苦等待出租车了,可以说是太方便了。故此,滴滴获得了大量的忠实客户,业务在中国各个城市不断扩大,基金公司也看好它的未来发展,砸下重金为其进行了多轮的融资。

滴滴的规模虽然不断扩大,但是如果我们仔细观察其商业盈利模式,可以说是非常清晰。公司从专车或者快车的运费中,提成 20%~30%,如果运费是 100 元,滴滴的收入就是 20~30 元。当成交的运单越多,滴滴的收入就会越高。而如果我们考虑滴滴的成本,就会发现,匹配每一个的运单提成,滴滴却基本没有发生什么成本,这使得滴滴几乎将所有的收入都变成了它的毛利。这个现象,相信也是基金公司特别喜欢滴滴业务模式的一个重要原因。

从管理会计角度来说,滴滴的盈利模式是经典的高边际收入和低边际成本的体现。所谓边际收入,是企业额外生产一个产品或者提供一项服务所获得的增量收入。例如，汽车企业额外销售出一辆汽车，获得十万元收入，这就是边际收入。所谓边际成本，就是企业额外生产一个产品或者提供一项服务所产生的增量成本。例如，汽车企业额外生产一辆汽车，一定会产生原材料、工费和水电费成本。一般而言，实体经济中的运营，边际成本都会伴随着边际收入不断产生。而且当生产数量增加，运营压力加大，边际成本就会越高，造成企业的边际利润降低。然而，作为虚拟经济的代表，滴滴打车却不是这样，获得的客运订单越多，边际收入越高，而边际成本却没有实质性的提高甚至发生，这让滴滴的盈利能力非常惊人。这种高边际收入和低边际成本，是资金最追捧的商业模式。

事实上，实体经济和虚拟经济运营最大的差异，也出现在边际收入和边际成本方面，由于实体经济需要产生实实在在的产品或服务，就一定会发生大量的边际成本。故此，边际利润无法很快的提高。与此相反，在虚拟经济里面，边际收入和边际成本的发生却完全不成正比，这造就了滴滴打车这样的高业绩、高增长公司。与此相类似，在线网络游戏也属于后者。当玩家想玩得更尽兴买一些游戏装备，游戏公司就产生了边际收入，而与此相对应的边际成本却没有任何增加。如果一款游戏拥有大量的用户都来买装备，那游戏公司就会赚得盆满钵满。腾讯的"王者荣耀"游戏年营业额超过300亿元，让人惊叹，而背后的财务逻辑，就是不断增长的边际收入和极低的边际成本。

谈了这么多虚拟经济比实体经济在边际收入和边际成本方面的优势，是不是说虚拟经济就比实体经济好呢？不是。任何经济形式都有它的特点，无论是实体经济还是虚拟经济，要不断地提高企业运营的竞争力，就希望大幅度提高边际收入，不断降低边际成本。例如，很多实体经济企业在不断地进行转型升级，用机器换人，就是在通过机器人来实现不间断生产，扩大边际收入，而机器人又不会产生人工计件工资，故此也帮助企业降低了生产的边际成本，从而提升了自身的边际利润。而很多大型企业，特别是西方企业非常喜欢的外包式生产，从边际分析角度来看，也是从生产源头上就降低边际成本，因为只要不产生固定成本，起始产品的边际成本就非常低，这样和边际收入能够更好匹配，而大量的营运风险也可以转嫁给外包方，实现了良好的边际收入和边际成本的管理结果。

从另外一个角度来说，虚拟经济里面的企业，对于边际收入和边际成本的思考和应用应当更全面和深入。一方面，对于边际成本发生过高而边际收入增长缓慢的业务模式要非常慎重，不能因为有"互联网+"的概念，就盲目投入。例如，几年前风靡一时的"呱呱洗车"，现在已经黯然收场，它虽然开创了网上 APP 下单洗车，看似为消费者提供了方便，但是每洗一辆车，都需要服务人员骑着笨重的小车赶到消费者的停车场，然后花不少时间才能完成服务。而北京这样的大城市，服务地点的距离又很远，所以服务人员没法在一天完成多个订单。故此，边际收入上不去，而边际成本又下不来，让企业无法产生利润。虽然有互联网概念加持，但是还是无法躲过关闭的命运，这充分说明，无论商业概念多么与众不同，如果企业不符合基本的管理会计模式和思维，是很难生存和发展的，这和京东集团董事局主席刘强东所强调的，互联网企业必须要有高效率和高效益是不谋而合的。此外，虚拟经济的企业也不可能一直享受低边际成本的红利，而是要投入必要的成本多提高产品质量或者服务内容，才能更好地提高客户满意度，获得更多的边际收入，并提高自己的竞争能力。例如，京东过去的发展中很重要的一个阶段就是自建电商渠道，物流达到自己配送。虽然这个阶段让京东服务的边际成本不断提高，但是这极大地强化了派送服务的稳定性，保证了用户的满意度，提高了销售额，随着时间的推移，也拉大了和其他电商（如当当）的差距。这充分说明，以互联网企业为代表的虚拟经济，要充分重视边际成本的目标性投放和发生，才能达到业绩不断大幅度增加，客户黏性不断提高，而企业竞争力不断强大的目标。

边际收入和边际成本是管理会计决策分析中最核心的内容。滴滴打车的成功，已经充分说明它们的应用极大地影响了企业商业模式的选择和实施。而在优化企业运营效率和效益过程中，它们也同样扮演着非常重要的角色，无论是处于实体经济还是虚拟经济的企业，都要充分研究产品或者服务在价值创造过程中边际收入的实现和边际成本的发生，更好地对其进行管理和优化，实现企业业绩持续增加和利润倍增。

| 案例 42 |

从统一的"老坛酸菜牛肉面"谈企业产品组合管理的重要性

统一的"老坛酸菜牛肉面"是方便面的畅销品种之一,也是很多人的最爱。广告代言人汪涵吃面时有意思的表情,老坛酸菜牛肉面酸爽可口的味道,加上统一的大品牌,成就了"老坛酸菜牛肉面"在消费者心目中的经典地位。然而,有多少人知道,统一在推出"老坛酸菜牛肉面"之前,它的主打产品是哪一种,它的业绩是什么样子呢?这个恐怕如果不是在方便面行业里工作,不去查查资料是很难回答出来的。

事实上,统一在 2008 年之前一直处于被康师傅压制的状态,它的主打产品是"鲜虾鱼板面",它的销售与康师傅经典品种"红烧牛肉面"差距较大。而其他 300 多种产品,近 2/3 的毛利率不超过 30%,这使企业从经营业绩、客户体验、市场竞争方面都面临着巨大压力。故此,统一痛定思痛,通过不断地分析和尝试,终于推出了"老坛酸菜牛肉面"系列,成功改写了方便面市场的格局,"老坛酸菜"也成为中国方便面消费的第二大口味。而在短短三年时间,该系列的销售额翻了 20 多倍,直接引领了统一的大幅度业绩提升。本文就借统一"老坛酸菜牛肉面"的案例来探讨一下企业产品组合管理和企业业绩改善的问题。

企业产品组合管理，看上去似乎是一个研发、生产和销售问题，但是实际上是管理会计问题。从管理会计视角来看，企业产品组合管理关注的是企业能不能够拥有拳头产品，进而带动各品类产品的销售，而企业又可以通过拳头产品加强和经销商及客户的商业关系，更好地推广自己内部或者外部研发的新产品，从而提高自身的经营业绩。我们现在提起统一方便面，马上想到的是它的爆款产品"老坛酸菜牛肉面"，然而在推出这个品类之前，我们很难记得统一的畅销产品是什么，更不用提它的其他产品了。这说明，企业是否有拳头产品非常重要，这是一个企业能够进行产品有机组合的重要基础。从财务角度来看，假设一个企业的20种产品，每种产品都贡献5%的收入，那么这家企业的产品最多只能说表现平平，这样的产品组合总体来说，无法给企业带来很大的竞争优势，故此财务业绩想大幅度改善，是很困难的。然而，如果一个企业有统一"老坛酸菜牛肉面"或者康师傅的"红烧牛肉面"这样的爆款产品，情形就不一样了，单单这一款产品，甚至就可以占到企业总体销售额的40%～50%，而且每年还都能保持稳定增长，这对于企业的财务贡献是极大的，说明客户青睐企业的产品，愿意为企业的产品不断消费，而企业的业绩也因此而获益。

因此，企业在产品组合管理和财务管理方面，应当首先仔细审视内部的产品结构是否合理，如果没有拳头产品和核心产品，企业是很难将销售业绩全面做上去的。企业经营和战斗非常类似，如果两个国家的海军开战，A国派出了航空母舰和诸多战斗舰，而B国只有战斗舰迎战，B国是很难取胜的，因为对抗不了A国的主要作战力量。企业的产品管理和市场拓展也是一样，统一在没有推出"老坛酸菜牛肉面"之前，面对康师傅"红烧牛肉面"的强力竞争，也是被压制得很厉害，市场拓展和获得客户都难度较大，消费者忠诚度也没有现在这么高，业绩也很平淡。这充分说明了拳头产品对企业经营业绩的重要性。从全面的销售管理端来看，拳头产品实际上也体现了企业针对经销商和客户的强势地位。从战略管理的波特五力分析中，我们知道如果客户议价能力高对企业来说是不利的。然而企业拥有拳头产品，就有效地降低了客户的议价能力，并使企业能更好地规划销售渠道和营销。企业在拳头产品的大树遮护下，完全可以针对各类人群研发和推广更加细分的产品，这就是我们看到的方便面中无论是康师傅还是统一，都在"红烧牛肉面"或者"老坛酸菜牛肉面"的基础上推出各种适应不同消费者的品类和产品，并通过自身合作的销售渠道进行积极投放。而销售渠道为何愿意销售康师傅和统一的新产品，原因是它们经典款的方便面销量大，给销售渠道带来的收益多，故此销售渠道愿意配合进行新产品的销售。而企业和销售渠道所形成的协同效应，又让企业获得了更多的消费者，也创造了新的明星产品。这就形成了良好的商业循环，企业的财务业绩也大大提高。故此，从产品组合视角上，企业必须要认识到拳头产品的重要性，并加强各种产品组合的有效性，与销售渠道密切合作，这样才能大幅度促进企业的价值创造和提升。

在产品组合管理过程中，企业还务必需要注意竞争者分析、自我财务资源和非财务资源的投入产出规划。统一的"老坛酸菜牛肉面"与康师傅的"红烧牛肉面"激烈竞争，是建立在两家企业均是大规模方便面制造企业，具备全国市场规模基础上的，统一投入巨额的广告营销费用进行推广，这是合情合理的。然而并不是任何一家食品企业都能够这么去做，因为竞争的对手不同，而自身资源也未必允许，这就需要这些中小规模企业仔细考虑如何包装自己的拳头产品，可以针对一些特定的地区来进行销售，形成该地区的热销产品，进而带动企业其他产品的业绩提升，这无疑是非常聪明和明智的做法。事实上，很多以聚焦为定位的企业，其经营都是遵从这样的思路和想法，在一个特定领域或者地理位置精耕细作，将自身有限的资源发挥到极致，形成的产品组合非常适合某个细分市场，同样也创造出极大的价值。这同样也是我们在管理会计学习和实践中非常值得研究的。

统一的"老坛酸菜牛肉面"是极其经典的商业经营案例，统一在管理会计中对产品组合管理中最核心的问题看得准确，处理得坚决，扭转得及时，才终于成功造就了统一方便面这一经典品类，并充分带动了统一其他品类产品的销售和发展，也使统一能够和康师傅一起稳居中国方便面市场第一阵营。企业管理者应当充分理解管理会计中产品组合的内涵和外延，打造自己的拳头产品和产品舰队，这样才能在商海中乘风破浪，任意驰骋，并驶向成功的彼岸。

| 案例 43 |

从成本和费用的区分谈企业成本管理

在财务会计中,"成本"和"费用"是两个非常明确的概念。与企业生产的产品或者服务直接相关的财务资源耗费,被归入成本,例如,产品的原材料、生产工人的工资等。而不与企业生产的产品或者服务直接相关的财务资源的耗费,被归入费用,包括销售费用、管理费用和财务费用,例如,销售佣金、行政人员的工资等。财务会计这么划分的目的,是为了更加清楚地记录和展示利润表,因为销售成本记录在企业的毛利之上,而销售费用、管理费用和财务费用记录在企业的毛利之下,财务报表阅读者能够很直观地看到该企业当年的成本和费用的发生情况。

然而,管理会计的成本和费用是否应当划分的如此清楚?企业的成本管理是否应当指向财务会计所认定的"成本"?答案当然是"不"。多年以来,因为成本管理经常在企业生产制造环节展开,让很多人误认为成本管理是生产的事情,和其他经营环节关系不大,而多年的财务学习让很多会计也认为成本管理关注的是产品或者服务的"成本",并将其优化或者降低。这种认识虽然不完全错误,但是并没有充分认识到成本管理的全部。管理会计视角的成本管理,是对企业发生的财务资源,无论是"成本"还是"费用"都进行全面地梳理和优化，以供应链为基础（而不是单单生产制造环节），寻找并且实施优化财务资源投入的方式和方法，充分提高企业的效率和效益。

上述的定义听上去很拗口，但是如果解释一下，就很容易理解。从管理会计角度，成本管理并不细分为所谓财务会计中的"成本"和"费用"，因为任何不合理或者本应可以节省的"成本"或"费用"都会影响企业的利润，都是成本管理需要解决的内容。例如，企业的销售费用过高，虽然不影响利润表的毛利，但是会影响营业利润和净利润，如果能优化降低企业的销售费用，自然能够提高企业的业绩。故此，企业的成本管理就应当针对各种成本和费用，而不仅仅是生产成本这一部分。同时，成本管理并不仅仅是生产部门的责任，生产仅仅是企业供应链的一个环节，无论是采购、销售和行政管理等，都应当实施成本管理，在各个环节上帮助企业降低财务资源的耗费，达到降本增效的目的。故此，我们所听到的"全面成本管理"或者"全员成本管理"指的就是管理会计视角下的成本管理。

企业遵循着管理会计下的成本管理，所关注的是如何优化各种财务资源的投入，并且有效地将财务资源的投入和销售业绩的产出相关联。这是成本管理的核心。很多人会认为成本管理就是降低成本，其实成本管理的目的是优化成本，也就是投入的成本和产生的业绩要具备最合理的逻辑关系。例如，企业降低生产成本或者销售费用的目的并不是让成本不发生，而是要去除和业绩没有关联的成本，让真正应当发生的成本能够和经营业绩进行匹配，反映出企业运营效率的实质。例如，和巴菲特经常一起合作的巴西3G资本（也是世界啤酒巨头百威的投资股东），每投资一个实体企业，都会大刀阔斧地进行成本改善，在预算中实施零基预算管理，无论是成本项目还是费用项目都进行仔细的审视和讨论，这虽然让被投资的实体企业刚开始非常不适应，但是很快就走上了正轨，产生了盈利。所以巴菲特也赞扬3G资本是一家能够帮助实体企业恢复商业本质——为社会盈利的投资公司。

此外，从供应链视角看，管理会计的成本管理关注的是整体运营过程中财务资源投入的优化和降低，并不完全遵循"成本"和"费用"在财务会计定义中的区分。例如，在及时生产制下，大量的企业要求供应商在自己周边建厂，从企业角度来说，节省了供应商的运费，这部分降低了原材料的采购成本。而供应商在客户周边建厂，运输半径缩短，对它们来说，则是降低了销售费用中的运输费用。故此，及时生产对于供应商和企业来说，都能达到良好的财务资源降低的作用，无论它们降低了"成本"还是降低了"费用"。此外，企业也要充分思考供应链的各个环节发生的成本是否有彼此相关性和内在联系，有的环节成本如果多发生一些，在其他环节中就可以降低很多，这也被称为动态跨职能的成本管理。我们经常发现，企业生产产品出现的瑕疵，客户的抱怨投诉等，原因都来自研发过程中没有进行充分的考虑和设计，如果企业能够在研发环节多投入一些财务资源，生产的成本和客户的服务成本就可以大幅度减少。这种思路就是以供应链为基础，不断衡量企业财务资源投入发生的时间、发生的职能和未来产生的潜在后果，并综合规划和投入对应的成本，并对未来的运营结果进行分析和评估，不断实施改善和突破。

管理会计视角下的成本管理在很大程度上区分于财务会计中"成本"和"费用"的认定，体现了在业财融合思维下企业如何将运营和成本进行更好的关联，并以企业全方位来思考成本和费用的产生和优化，助力企业的发展。管理会计下的成本管理，并不是单单针对成本这个财务概念，而是对企业运营有效性、盈利能力、客户满意度等综合思考之后进行决策和管理，这对于企业来说是非常重要的管理会计实施工具。

| 案例 44 |

"互联网+"下的管理会计新思维

过去的几年,"互联网+"席卷中国大地,行业上从教育到医疗,职能上从制造到销售,企业都纷纷希望利用"互联网+"来提高企业的效率和效益,力争在激烈的市场竞争中脱颖而出,从而获得更多的客户和更高的收益。然而"互联网+"是什么,企业如何正确地看待"互联网+"的应用,如何更好地结合自身的营运,我们可以通过管理会计的思维来进行简要的分析和解释。

首先,企业的运行,无论通过什么模式,都要强调提高营运的效率和效益。中国著名电商京东的董事局主席刘强东曾经说过,缺乏营运效率和效益的企业,无论是在线企业还是非在线企业都是没有生命力的。所以,"互联网+"的目的,并不是单纯使用互联网,而是通过互联网这个有力的工具,来提高企业的运营能力和水平。而那些仅仅披着互联网外衣,没有实质盈利能力的企业,随着时间的推移都纷纷被淘汰。在2017年和2018年,互联网企业倒下一大片,究其原因就是其所谓的互联网方式并不能为企业创造实际的价值,当投资方的资金干涸之后,企业也只能清算关闭。例如,2018年3月,名噪一时的"呱呱洗车"申请破产,原因就是如此。"呱呱洗车"的业务模式是客户通过手机 APP 端，可以约洗车员上门洗车，而不是传统的将车开到洗车行洗车的模式。这看似便利了客户，然而对于"呱呱洗车"来说，这种方式既不经济，又不实惠，一个洗车员在大城市里面因为距离的问题每天服务的客户非常有限，而客户的订单价格甚至比传统洗车服务还便宜，"呱呱洗车"的持续亏损是很自然的事情。这种所谓的"互联网+洗车"看上去很时髦，但是却违背了商业中最基本的效率和效益至上原则，因而最终以倒闭黯然收场。从管理会计角度来说，像"呱呱洗车"这样的企业，其实是一种"伪互联网+"。它虽然看上去应用了互联网技术，但是在实际工作中反而让运营效率更加低下，这是非常不合理的，经营也不会持久。与此相反，耳熟能详的"滴滴打车"，更好地帮助消费者找到了出租车，提高了司机的营运效率，同时通过专车和快车的运营获得了良好的效益，这才是商业环境中真正的"互联网+"。

其次，"互联网+"的主要目的是能够形成企业、利益相关方和客户良好共存的生态系统。从管理会计角度来看，企业与客户形成良好的互相依存关系，企业和各个利益相关方能够充分进行合作，有助于企业形成自身的护城河和壁垒，更好地与其他竞争对手进行竞争。目标明确的"互联网+"就是要打造这样的生态体系。例如，中国 A 股的上市公司益佰制药，除了自己主营的医药制造领域以外，力求在大肿瘤医疗服务领域进行突破，正在推进和实施肿瘤易复诊大数据平台，肿瘤患者社区 APP 和肿瘤医生 APP 等，无论这些平台未来结果是否成功，这都是符合"互联网+"的正确方向的。益佰制药通过互联网的数据平台将肿瘤病人、医院、医生和自身进行紧密的关联，不仅可以帮助肿瘤病人对接合适的医院和医生，也可以获取第一手的数据来推动企业的产品研发，更可以同时促进企业的药品销售和医疗服务的业绩提升，这对于益佰制药的未来战略发展和竞争能力是非常有帮助的。企业应用"互联网+"，并不是简单的"+互联网"，而是要通过互联网技术帮助企业、客户和各个利益相关方密切交互与合作，并促进企业的业绩提高与发展。

最后，真正的"互联网+"应当是企业流程再造的利器，能够帮助企业不断优化业务流程，并降低成本和提高客户满意度。无论是实体企业还是纯互联网企业，都应当通过"互联网+"达到这些目的。例如，投资者发现，证券公司现在的开户都可以直接线上申请、线上审核、远程开户，并不需要再到证券公司的实体门店去了，这不但节省了投资者和证券公司服务人员大量的时间和成本，也赢得了投资者对证券公司的肯定，这就是正确的"互联网+"给企业带来的收益。与此相类似，长安汽车的汽车贷款财务公司，充分引入和利用了"互联网+"技术，实现了线上汽车贷款智能化审批系统。传统的汽车贷款申请，汽车购买者要提交大量的书面文件，而审核员的审核时间需要好几天，并且需要多次和购买者进行交流，效率很低，使很多有贷款需求的汽车消费者望而却步。然而，长安汽车的线上贷款智能化审批系统，使大量的贷款申请不必经过烦琐的书面提交程序，缩短了审批周期，这让大多数汽车消费者都能够很快获知贷款的批复结果，大大提高了客户的满意度，并吸引了更多的对汽车贷款有需求的汽车购买者。同时，这种智能化审批机制也显著降低了贷款审批人员的数量和工资成本。从以上两个例子来看，对企业产生价值的"互联网+"一定会促进企业运营流程的优化和简便，拉近企业和客户之间的距离，同时降低企业的运营成本。

"互联网+"的方式对于企业在运营和服务方面的冲击是巨大的，也为企业在业务发展方面提供了全新的思维。然而，企业不要将"互联网+"和"+互联网"等同起来，要充分利用互联网和大数据这样先进的工具来提升自身的效率和效益，优化业务流程，并和利益相关方以及客户形成良好的合作协同关系，从而创造出更高的利润和商业价值。

| 案例 45 |

从企业领导者的经营决策谈管理会计运用的化繁为简

对于管理会计的初学者来说,最大的挑战莫过于管理会计知识体系非常庞大,从企业内部的管理运营到企业外部的价值展现,需要领会和理解众多知识、技能和思维。而随着学习的不断深入,又很容易陷入特别专注于管理会计中较为复杂的理论和模型,而忽视管理会计最基础的内容核心,这其实就是一种本末倒置。如果我们能够仔细研究商业历史上的著名企业领导者的经营决策,我们就会发现,他们对于管理会计的应用,都能做到从商业、管理和财务的实质思考问题,并作出最适合企业发展的决策。本文就通过日本索尼创始人盛田昭夫和黑猫宅急便总裁小昌仓男的经营决策来谈一下管理会计运用的化繁为简问题。

首先,假设你是一个企业的销售经理,你的客户要求你为你的企业产品做报价,订单数量为 5 000 个产品,10 000 个产品,30 000 个产品和 50 000 个产品,请分别提供报价。你的报价会是什么样呢?相信对于绝大多数人来说,答案一定是订单要求购买的产品数量越多,产品的报价就会越便宜。而这个问题,也是初创时期的日本索尼公司在 1955 年进军美国销售其先进的晶体管收音机时，一个拥有150家连锁店的美国客户给索尼创始人盛田昭夫提出的报价要求，不过盛田昭夫却并没有按照大批量订货价格优惠的思路去迎合客户，而是给出了采购量越大，价格越高的报价，这令美国客户非常诧异，说这辈子还没有接受过这样奇怪的报价。然而，这种定价，正是盛田昭夫在充分考虑了索尼的生产经营情况之后提供的最合理的决策。学过管理会计基础知识的人都知道，产品成本分为变动成本和固定成本，而固定成本是由产能来决定的。当时索尼的规模并不大，提供5 000台或者10 000台产品，工厂产能不需要扩大，额外雇用一些工人就能够满足短期内交货的要求。而如果要求订货30 000或者50 000台产品，索尼就必须要扩大产能，购买大量的机器和招募工人，这会极大地提高固定成本的发生，影响产品的生产成本。而如果美国客户下一年取消了大部分订单，则公司的财务压力会非常之大。故此盛田昭夫在进行了深入考虑之后，做出了订单数量越多，价格反而越高的决定。在他坦诚地向美国客户进行了解释之后，客户平复了情绪，理解了索尼报价的逻辑，并下了10 000台产品的订单，双方达成了最稳妥的交易，索尼不仅规避了经营风险，也赢得了美国客户的订单和信任。

　　索尼盛田昭夫的报价决策，充分反映了管理会计的化繁为简的运用原则。尊重商业规律和企业运营实质，是决策者最为重要的基石，也是管理会计应用的标尺。虽然企业应当销售更多产品实现盈利并且获得大客户，但是如果企业的订单量过多过大，企业就不得不扩充产能来满足订单，这会大幅度提高企业的固定制造成本，如果未来失去订单将增加企业的财务和运营风险。甚至前期的获益无法弥补企业的损失，将企业逼到破产的窘境。这些思考并不需要有太多深奥的管理会计知识，企业决策者仅仅需要向盛田昭夫那样分析一下企业自身的客观运营情况，即可作出最正确的决定。在商业环境中，尊重事实和化繁为简事实上是最重要的管理会计思维能力。例如，在投资决策中，无论应用什么样的模型和法则，"低买高卖"永远是投资能够获益的王道。在财务管理中不变的真理是，只有坚持在企业赚取利润的同时保持现金流的健康，企业才能顺利发展。管理会计的运用，必须要强调化繁为简，从商业运营本质的视角进行思考，这样才能为企业创造最大的价值。

管理会计化繁为简的运用，也影响了日本的另外一家著名企业——黑猫宅急便的发展。黑猫宅急便是日本小件快递业的鼻祖，它的前身是大和运输，专注于大宗物品的物流发送，然而随着竞争不断加剧，大和运输的利润率急剧下降，运营产生了很大的困难。小仓昌男在接替了父亲的社长职位后，发现大和运输拒绝提供小件物品的物流服务，然而如果按照重量或者体积来计算，小件物品却是最赚钱的，派送1 000个一千克重的包裹，其价格和利润要远远大于运输一吨大宗物品，而大和运输固执地拒绝小件物品物流运输本身就是错误的，同时其他企业根本没有充分关注小件物品快递服务，又提供了这个业务机会的广阔"蓝海"，这个基本和朴素的思考恰恰就是小仓昌男创立黑猫宅急便并将其推向成功的驱动因素。小仓昌男在调研过程中，并没有运用任何复杂的模型或者工具，仅仅是从服务的单位成本、单位价格和客户对价格的敏感程度等基本因素进行了计算，同时加入客户对小件物品快递便利的需求分析，便得出了最符合企业今后发展和盈利的结论，这也成就了黑猫宅急便在未来的巨大成功。而中国的顺丰和三通一达等快递公司的经营和发展也都是一直受益于黑猫宅急便一系列简单实用的核心理念。

索尼创始人盛田昭夫和黑猫宅急便社长小仓昌男，都是日本管理史上最顶尖的经营者，而他们在决策分析过程中对于管理会计基本原则的思考和运用是非常值得我们借鉴和学习的。将纷繁芜杂的管理问题化繁为简，并从业务的核心本质和客户的基本需求出发，制定出最符合企业发展的决策与方向。虽然他们的成功经验已经非常久远，但是仍然不失为经典的案例，指导我们能够更加深入地认识管理会计化繁为简的应用原则，成功助力自己企业的经营和发展。

| 案例 46 |

从经常性的决策错误谈管理会计思维的培养

无论是企业还是个人发展,我们都会面临很多思考和决策,管理会计的思维与认识在其中起着重要的作用,如果一个决策者没有管理会计的相关基础知识,往往会在思考和决策过程中出现错误。举一个在我们生活中经常出现的思维偏差的例子,我们总倾向于觉得一件市面上销售的产品,原材料应当挺便宜,但是卖给消费者的时候价格很贵,觉得非常不合理。然而如果按照管理会计中成本的基本构成来分析,一件产品不仅仅是原材料构成的,而且还包括了人工和制造费用,再以这个角度来看这件产品的销售价格,我们发现这件产品似乎就没那么贵了。

上述关于人们对产品价格感知的例子,很清楚地反映了一般人因为缺乏管理会计成本分析知识和技能,在看待价格时所出现的难以改变的思维定式。在日常生活中这类例子比比皆是,不过仅仅影响我们日常的花费和对某些产品的看法而已。然而,对于一个企业的经营者来说,思考问题时如果没有良好的管理会计思维,那所做出的最终决策就可能会对企业产生很大的负面作用,并严重影响企业的战略和运营发展以及财务业绩,这种决策错误应当是各个企业及其决策者需要极力避免的。放眼整个商业环境,大量的企业在发展过程中，因为管理会计思维没有得到良好建立，犯了不少非常明显的决策错误，严重影响了企业的经营和发展。很有意思的是，这些错误在其他企业却仍然反复出现。这种情况，非常值得后来的企业研究和深思。例如，大量的企业在成本管理中，非常关注变动成本，但是却相对忽视对固定成本的管理。因为在决策者眼中，"固定成本"既然是固定的，管理上能做的文章就很少。然而，如果我们仔细研究管理会计中对固定成本的定义，就会发现它并不是说成本就是固定不变的，而是这类成本的发生是不随产品生产的量的变化而变化的。固定成本仅仅是区别于变动成本的一个称谓，但是因为"固定"两个字，很多缺乏管理会计思维的决策者就错误地认为这种成本无法管理，这在很大程度上影响了企业的管理能力和目标，更有甚者，企业的中下层运营人员甚至将一些不应发生的成本和费用放入固定成本里面，从而在绩效中蒙混过关。而真正对管理会计敏感的企业，对固定成本则非常关注。例如，多次和巴菲特合作的3G资本，每投资一个企业，都几乎要对其进行大幅度"瘦身"，不仅仅是针对变动成本方面的减员增效，而且还对企业所发生的当期制造费用和管理费用进行缜密的分析，坚决去掉无用的部分，将不应当发生的所谓的"固定成本"压到最低，从而达到释放利润的目的。这说明，3G资本这样的国际顶尖基金，通过管理会计的基本原理就帮助被投资企业避免和修正了经常发生的错误，达到了利润和业绩的改善。

仔细观察和思考中外企业的经营和发展，很多企业所犯的决策错误，如果用管理会计视角来分析，都是非常基本的错误，反映出决策者对管理会计认识的不足。例如，柯达公司虽然率先拥有了数码成像技术，却因为留恋胶卷冲印业务每年带来的巨大现金流，不愿意将数码相机商业化推向市场，结果被富士等其他企业捷足先登，痛失先机，最后落到了申请破产保护的下场。而诺基亚也是类似，认为自己手机出货量大，就死抱着塞班系统，拒绝苹果和安卓系统，结果也落到被别人收购的境地。虽然柯达和诺基亚是世界性大企业，但是在决策中犯的致命错误却是很基本的管理会计问题。任何企业，都不应过于短视，而需要长期利益和短期利益相结合，同时在充分利用自己优势的产品线同时，及时培养并推出新的产品线和服务线，并逐渐达到业绩互补，平稳过渡的目标。柯达和诺基亚的决策者，应当说是非常富有经验的高管，然而因为忽略了这个最基本的管理会计的思维，导致了企业衰败，这是非常令人唏嘘的。而中国的 IT 巨头腾讯领导人马化腾，在研发和推出微信的过程中，坚决要求研发团队作出最好的手机端产品，以不惜牺牲 QQ 的业绩为代价，进行腾讯产品的自我替代。虽然过程很艰难，而且企业的业绩有一定暂时影响，但是微信的成功有力地巩固了腾讯在即时通信领域的霸主地位，避免了阿里等企业的弯道超车，并稳定和扩大了腾讯的用户人群。腾讯对微信的开发和商业化的决策，就是顺应了管理会计最基本的概念和思维，没有犯柯达和诺基亚当时明显的错误，而是坚持在现有的产品线基础上推出更适应消费者的新产品，随后取得了更大的商业成功。这充分说明，避免管理会计视角上最基本的错误，其重要性有多大。

随着中国的经济发展越来越成熟，企业之间的竞争也越来越激烈，一个决策错误就会给企业带来不可弥补的损失。经营者如果缺乏管理会计的训练和思考，其决策将非常可能是有偏颇和错误的。故此，企业和管理者应当在多学习管理会计理论和技能的同时，多研究和分析中外企业成功和失败的原因和驱动因素，更好地将管理会计和商业决策相结合，培养自己强大的管理会计思维，避免出现明显和基本的管理决策错误，从而正确指引企业的方向，并顺利帮助企业实现自身的目标。

案例 47

从业务聚焦谈管理会计在营销管理中的巨大价值

中国经济,已经逐渐摆脱了过去大规模粗放型的商业发展模式,逐渐向精细化、精准化的方向进行转变。对于企业来说,要不断面临消费者更加成熟和挑剔的选择,故此,如何能在激烈的市场竞争中找到客户并获得理想业绩,已经成为大量中国企业不断思考的核心营销问题。在这个转变过程中,企业会发现,管理会计中的核心组成部分——企业价值链分析,为他们在营销管理中提供了非常重要的指导。

所谓价值链分析,是美国的战略管理大师迈克尔·波特提出,用来分析企业竞争性优势的重要管理会计理论。价值链分析认为,企业的价值创造方式分为成本领先、差异化和聚焦三种,不同的企业在不同的行业和不同的发展阶段,应当按照自身的特点来选择合适的价值创造方式,从而获得目标客户和利润,并得以顺利发展。例如,美国的沃尔玛,一直就是以低成本,也就是成本领先来驱动自身的经营和销售,成为美国人最喜欢光顾的商店。而中国的贵州茅台,因为茅台酒有极强的差异性和不可替代性,故此差异化的模式也是贵州茅台典型的价值创造模式。而对于聚焦模式来说,很多中国企业和个人并不是非常熟悉,然而,从管理会计视角来看这恰恰是很多中国的中小规模企业在营销管理过程中应当去遵循的正确价值创造模式。

说起聚焦模式,就需要谈到德国的制造业。作为世界先进制造业的代表,德国拥有大量极其优秀的公司。很多德国公司被称为"隐形冠军",意思是他们的规模不是很大,但是业务非常专业,专注于某一个特定领域,并且获得较高的市场份额。例如,德国的豪尼公司(Hauni),它是世界卷烟机械市场的著名品牌,不仅是世界上唯一一家能够提供全套卷烟生产系统的企业,而且在高速卷烟机械市场上拥有90%的份额。然而,不熟悉卷烟业务的人,根本不知道豪尼的存在。德国自来水净化器生产公司碧然德(Brita),专精于自来水过滤和净化,是这个小领域的绝对行业领导者。类似的德国企业非常多,这些德国企业通过将自身的业务聚焦到一个非常细分的领域,从而占领消费者的心智,突出了自身的品牌价值,并获得这个领域的大量份额,走出了一条独特的发展之路。在中国的商业环境中,由于中小规模的公司在财务和非财务资源方面,无法和大型企业相提并论,如果仅仅是盲目拼财力和市场,这些企业很有可能完败。故此,应当吸收和接近德国这些"隐形冠军"所采取的策略,也就是通过业务聚焦,来更加优化和高效利用自身有限的资源,赢得目标消费者,并获得最理想的收益。

在中国,成功实施聚焦策略的企业也是很多的。例如,在A股上市的长城汽车,以前曾经经营多种车型,包括轿车、皮卡、SUV和MPV等,下属品牌也非常之多,然而在竞争激烈的国内汽车市场中,经营业绩不尽如人意。高层管理者认识到由于车型品牌过于庞杂,并没有充分利用好企业的资源,故此采取聚焦策略,专攻利润较高、其他企业市场重视程度偏低的SUV市场,成功推出了哈弗SUV系列,赢得了大量忠实的消费者,也奠定了长城汽车在SUV领域的品牌领导地位。这说明,聚焦的价值创造策略,在企业营销管理方面能起到重要的提升作用,有力地协助企业在战略发展和战术决策方面更好地配置相应资源,达到市场和业绩目标。

从管理会计全面视角来看，业务聚焦也并不是简单的定性分析，而是植根于逻辑客观的定量和定性的综合考量之上。一个中小规模企业，有限的财务资源不可能投入到无限的业务中。如果什么业务都做，而什么业务都不是拳头业务，在财务报表中，只能是各项业务收入占比很分散，而企业因为必须要都支持这些业务，无论是销售费用还是管理费用都会偏高，这无疑会严重影响企业的财务利润和现金流。故此很多业务不聚焦的企业，经营可能看上去很热闹，产品和服务线很长，客户北到黑龙江，南到海南，但是年度的财务业绩却非常不尽如人意。究其原因，就是没有核心的业务和客户群，而非常分散的业务又造成成本和费用高，使企业无法达到理想的价值创造目标。长城汽车主攻SUV，力推哈弗车型给其所带来的市场份额和财务收益充分说明了业务聚焦的价值所在，同时也展示了企业决策者如果遵循管理会计思维，就能够为企业的业务和营销发展带来巨大的帮助。

业务聚焦作为管理会计价值链分析的重要组成部分，已经越来越普遍地被广大中国企业、特别是中小规模企业所接受，并在迈克尔·波特的普遍原理中加入了很多各自企业独特的经营元素。业务聚焦不仅限于产品和服务线，而且还要仔细考虑企业生产的产品和竞争对手产品的核心功能区别和优势，以及哪些消费者地区是企业最应当关注和拓展的。例如，中国山东花生油生产企业鲁花，仔细对比了自己压榨油产品和金龙鱼等调和油产品的区别，聚焦"纯物理压榨，非化学浸出"，突出了鲁花花生油自然和健康的特色，获得了消费者的青睐，也走上了高速增长之路。而"脑白金"的创始人史玉柱，将"脑白金"的市场开拓起点定为无锡，因为该地区经济比较发达，消费者接受新事物能力强，同时又能够良好地辐射江浙地区，事实证明史玉柱的地区聚焦是完全正确的。中国企业的业务聚焦实践实际上体现了管理会计在企业营销管理方面所起到的重要作用，也充分说明管理会计并不是仅限于财务管理，而是能够影响企业运营和发展的方方面面。

| 案例 48 |

从理解管理会计基本技能谈更好地规划创业

"大众创业，万众创新"在中国大地上激发了大量年轻人对商业的热情与成功的渴望，创客如雨后春笋般成长起来，遍布在信息技术、生产制造、餐饮服务和咨询顾问等各个制造和服务行业，有的创业者经过几年的奋斗，已经功成名就，也有的创业者虽然非常努力，但是仍然离成功有一定的差距。创业并不容易，对个人和团队来说都是非常具有挑战性的。由于创业者财务资源、人脉资源和其他资源在起始阶段都比较有限，就更需要各种知识和技能来武装自己，从而更好地达到目标、配置资源和规避风险。而管理会计的基本技能就是创业者亟须掌握的非常重要的商业工具。

由于大量的创业者要么是理工科背景（如信息技术行业的创业者），要么是对所属行业仅仅是表象性认识（如餐饮业的年轻创客），他们总体来说比较匮乏全面基本的商业、管理和财务训练，并且对管理企业的认识存在着一定的误区。例如，有的创业者认为自己是一名很好的技术人员，就具备了掌管一个技术企业的能力，这是典型的错误思维。技术是针对某一个职能的专业能力，而管理一个企业需要进行团队管理和资源管理，方向和重点是非常不一样的。还有的创业者仅仅凭感性的思维来进行企业的运营，例如，认为产品只要定价低，客户就会欢迎，合伙人之间努力工作靠自觉就可以，对绩效管理闭口不谈。创业者所犯的这些经典性错误都使自己的初创企业发展艰难，内外部利益很难良好协调，极大地影响着企业的持续经营能力。为了更好地创业和发展，创业者必须要正视并且规避这些已经给前人带来惨痛教训的问题，而问题的解决方案就是积极学习、理解并且运用管理会计工具。

管理会计技能给创业者带来什么帮助？管理会计本身就是管理和会计的结合。对于创业者来说，必须在管好人、管好事和管好财的前提下，使企业有所发展和提高。而管理会计所做的事情恰恰就是这个。例如，创业者必须系统地从供应链管理的视角来理解成本管理，让自身提供的产品或者服务既能够获得消费者的青睐，又能够从标准化层面优化成本，即使创业者仅仅开一个小吃摊或者早点铺，他也至少应当能够理解，提供多样化、多品类的饮食虽然看上去很热闹，但是却不如提供几种能够处理标准化、可以高效率加工食品所带来的财务回报好。他应当多去肯德基或者麦当劳转一转，充分思考这些企业为何仅仅提供简单的菜单，却能获得比绝大多数中餐馆更多的收益。此外，创业者也同样需要培养基本的绩效管理思维，能够有效地辨识哪些产品或者哪种服务能够为企业带来最大的收益，并将此产品或者服务与企业的资源进行最佳的匹配，达到资源的最佳利用。很多创业者都存在相同的疑惑，为什么自己觉得产品很好，消费者却不喜欢？很大原因就在于创业者的惯性思维是仅通过自己喜好来看待产品或服务，而很少站在消费者层面去审视产品或服务的。故此，就无法在功能设计、成本优化和价格制定方面贴近市场与客户。执着的创业者——锤子科技总裁罗永浩，2018 年宣布发布新款产品"TNT 工作站"，标价为 9 999 元，高端款为 14 999 元，但是订货者并不多。其中一个主要原因应当是台式机的价格在消费者心目中已经基本固定在几千元，公认在业界最顶端品质的苹果台式机也就是 7 000 多元，高端款为 12 000 多元。显而易见，锤子科技的 TNT 工作站定价已经大大超过消费者心目中与产品和品牌相对应的价格可接受程度。故此，虽然 TNT 工作站有"老罗"的名气"加持"，但是订货量却仍然达不到理想数量。这样的结果，从管理会计的客户获利能力分析是完全能够解释的。罗永浩作为资深的创业者，尚且出现了这样的偏差，对于普通的资源有限的创业者，一次产品定价的失误，就有可能失去目标消费者，并会极大地影响企业的财务业绩和现金流动性。

对于创业者来说，学习管理会计的技能和工具不要仅局限于成本和定价这样的定量的范畴，同时也需要多思考以定性为视角的管理会计思维，例如，内部控制和风险管理，看似仅仅适用于大企业，但对创业企业来说同样非常有价值。创业者需要谨慎安排人员，并应理解和熟悉各个职能的风险点，从而进行控制管理，这才能保证创业者辛苦工作的回报不被盗取和流失。在媒体中经常爆出一些企业的雇员监守自盗，东窗事发后逃之夭夭，造成企业重大的损失，这些对于创业者来说都是值得借鉴的教训和经验。无论是从事 IT 行业引领科技的创客，还是餐饮行业中勤恳耕耘的创业者，都应当充分学习管理会计中的风险管理的重要手段以及内部控制的有效方法，从源头避免和降低风险的出现与发生，从而顺利地经营和发展企业，促进企业的健康成长。

创业是一项非常艰巨的事业，需要创业者不断地学习和思考。管理会计的基本技能是创业者在规划和实施创业过程中不可或缺的工具，能够帮助创业者冷静、逻辑和理性地分析和解决问题，并能有效地扩展创业者的视角，开拓创业者的视野。故此管理会计工具书应当成为创业者办公室中的必备读物，不断地温故而知新，将管理会计经典理论与企业经营实际相结合，提高企业的竞争能力，引领企业不断做强做大。

| 案例 49 |

从管理会计基本技能透视"新商业模式"

中国经济和商业的高速发展,以及新技术的创造性使用,催生了大量的"新商业模式",例如,"新经济公司""建立生态系统""树立平台思维"等等。这使很多企业家和创业者趋之若鹜,然而如果我们能够穿过表象直视本质,通过管理会计视角来看待中国经济中最新出现的现象,就会发现这些"新商业模式"事实上都是和管理会计的基本技能分不开的。

"滴滴打车",被称为中国新经济中改变出行的代表。"滴滴打车"创造性地应用科技技术,让乘客出行变得更加方便,然而其财务价值创造模式,仍然是建立在管理会计边际贡献基础之上的。边际贡献越大,企业涵盖固定成本的能力越强,价值创造能力就越能得到显现。"滴滴打车"在司机完成每一个订单的时候,都会收取一定比例的提成,而对应这份提成收入,"滴滴打车"所因此产生的变动成本和费用却发生很少,故此其边际贡献很高。随着"滴滴打车"不断招募司机和车辆,订单不断增多,产生的边际贡献也越来越高。这为企业创造了巨大的财务和商业价值,也是其深受基金投资公司青睐的重要原因。从这个角度来说,"滴滴打车"作为新经济公司的代表,它的成功结合了先进的科技应用、巨大的消费市场和经典管理会计价值创造工具——边际贡献理论。

"建立生态系统"是最近几年企业界谈论很多的话题,其来源于"互联网+"的兴起和实践。"建立生态系统"的一个维度是企业希望能够通过爆款产品将消费者吸引至自身的业务体系,并让消费者与自身产生黏性,使其无法离开自身的产品和业务体系。"生态系统"新概念的提出,固然和互联网高科技改变消费者行为有密切关系,但是究其财务意义,却是以管理会计的"产品获利能力分析"为核心的。也就是企业希望通过一款或者几款要么低成本,要么高性价比的产品,能够牢牢地吸引消费者,并让消费者不断欣赏和购买其他产品。在传统超市的运营中,例如,沃尔玛和家乐福,每日都推出特价产品吸引消费者前来购买,也就使其进入了大卖场这个"生态系统"。消费者完成采购时,不仅购买了特价品,也买了不少正价品。而超市从正价品中获得的利润远远高于特价品的让利损失,同时也笼络住了消费者的心,提高了他们的忠实度。而提出"建立生态系统"概念的高科技企业,例如,小米,同样没有离开管理会计产品获利能力分析的框架,它通过推广和销售低成本的红米手机,赢得了大量对手机成本敏感的年轻用户的心,而这些用户未来又变成了小米随后推出的高端手机以及大量与生活相关的产品的消费者。"建立生态系统"事实上并不是一个全新的概念,而是各种企业在不同时代获取客户和追求利润过程中都共同追求的一个目标。管理会计的产品获利能力分析,恰恰就是在这个目标追求过程中,企业经营者最应当思考的核心问题。

"树立平台思维"也是在中国商业界中受到广泛讨论的问题,其核心内容是,一个企业不应当仅仅将自己当成是卖产品的公司,而应当定位成一个平台,能够在此平台上嫁接各种各样的产品或者服务。例如,罗振宇所创立的"得到APP",里面的老师都是收费授课,得到APP从中获得相应的提成,这比仅推广罗振宇的授课服务要好的多得多。青岛海尔所推进的业务合伙人制度，是将企业雇员转化成合伙人形式，这些合伙人设计的产品和服务能够通过青岛海尔的平台推广到市场，这样更能够激发企业员工的积极性，同时能够在青岛海尔的平台上更快地开发出更多产品。平台思维从管理层面对企业的销售、创新和绩效管理有非常积极的作用，不过如果我们用管理会计最基本的变动成本和固定成本思维来分析，就会发现"平台模式"是一种管理会计视角下的优秀商业模式。企业的固定成本由于每期都要承担，故此企业希望能够创造和推广出更多优秀的产品和服务，如果获得的收益能够大于运营和生产这些产品及服务的成本与费用，就能释放出大量的可控利润，这就能够很好地涵盖企业当期发生的并且与产品和服务并不直接相关的固定成本，企业的业绩无疑会大幅度提高。"平台模式"更加适合于现代企业在面临固定成本不断提高，企业管理和经营需要高度灵活化，并且以客户作为驱动的多变商业环境。然而无论商业环境如何演进和变化，管理会计的基本技能，其方向性和指导性作用都会贯穿企业商业模式和决策分析的整个过程，并且持续为企业创造核心价值。

  "新商业模式"现在方兴未艾，很多企业家和管理者都深深地被这些新思路所吸引。在充分理解这些管理创新的基础上，我们有必要重温管理会计的经典理论和基本技能。这些都是商业和经济发展长河中企业在复杂多变的经营实践下总结出的重要经验和财富，并且不随时间的推移而失去价值和意义。中国的企业应当充分思考如何有效地将管理会计和商业模式良好地进行结合，才能够更深入透视企业运行的本质，更好地指导自身企业的运营与发展。

| 案例 50 |

道德和价值观是管理会计关注的重要问题

无论在哪个行业，道德和价值观都是各个企业和从业者应当遵守的道德标准和规范。管理会计也不例外，无论是美国、英国还是中国，应用管理会计的企业和管理会计师，都必须要遵守社会和商业约束的标准，并按照职业操守来进行商业活动。故此，道德和价值观是管理会计极其关注的问题，也在管理会计应用过程中扮演着重要的角色。

管理会计的道德和价值观，并不仅仅限定于传统认知上的企业和员工规范，而是有很大的外延。首先，道德和价值观在管理会计的系统中可以是一种体现正面社会责任感的商业模式，不仅帮助企业获得市场和客户，也尽到了社会公民的责任和义务。例如，著名的英国化妆品品牌美体小铺（Body Shop）在发展过程中面临着化妆品企业激烈的竞争，它所提出并且一直坚持的是自己的化妆品都是绿色的，不会在动物身上做化学测试，让人享受到美好，而不以对动物的残忍行为作为代价。美体小铺的这种动物保护方面的道德和价值观获得了很多西方消费者的赞赏和支持，也帮助其收获了大量的忠实用户。西方大量的咖啡企业，例如，星巴克（Starbucks）和咖世家（Costa）等，都加入了公平交易的咖啡联盟，不仅采购咖啡的价格公允,而且还主动投资为农民和当地社会恢复因为种植咖啡而遭到破坏的热带雨林。虽然这些咖啡企业投入的成本增多,但是消费者都能感受到他们是有责任感、有道德的公司,于是更乐意来到门店购买咖啡和其他食品,进而促进了这些企业的销售和业绩。故此,管理会计一直认为,道德和价值观是企业实现商业价值的前提,完全可以成为一种正向的、积极的商业模式,引领企业在商业社会上不断前行。

其次,管理会计发现,道德和价值观是提升社会和商业进步的重要基石。因为道德和价值观的驱动,我们在商业社会中设计出了良好的机制,从而避免了很多矛盾和问题。例如,财务会计遵守的会计准则,就是企业道德和价值观驱动的产物,企业通过遵循共同承认的会计准则,很大程度上避免了财务作假和欺诈,维持了社会的道德规范。再例如,证券交易所和期货交易所让我们的金融资产交易以标准化和格式化的形式得到了有效的保护,商业人士不必再担心在交易过程中对方的信用和违约风险,从而大胆地购买和出售金融资产。从管理会计层面,维持和提升共有的道德和价值观,驱动了商业的不断进步和发展,企业和行业通过标准化的制定和实施,最大限度地避免了违背道德和价值观的事情的重复出现,让商业的运营更加规范和流畅。

最后,道德和价值观也越来越成为上下级沟通和交流的共同基础和语言。从管理会计视角来看,企业大量的管理会计模型和方法,都在推进企业共同的道德和价值观。我们当然可以将及时生产方式当成一种管理会计运营的理念或者思想,但是如果从深层次来看,这是一种员工以企业主人翁精神,厉行节约避免浪费,不断进行追求零库存自我突破的一种严肃对待工作的态度和缜密工匠精神的体现,也反映了企业和员工深厚的职业素养和不断精进的价值观。依此类推,从工作角度来看,全面预算管理是一种管理会计规划和预测的方式和手段,但是同时也是企业道德和价值观在企业上下级之间进行传递的媒介。高级管理者明确什么是可以做的，什么是不可以做的，哪些项目鼓励资源配置，哪些项目需要限制资源配置，本身就向企业各层级传递了重要的信息，体现了企业管理层集团的道德和价值观方向。例如，有的投资公司在规划和预算层面，明确限定绝对不投资烟草类的项目，这本身就是明确传达了企业的道德和价值观，推进了企业在思想和工作层面的统一和协同。故此，道德和价值观并不仅是个人应当具备的基本素质，也不是企业停留在口头上的一种要求，而切切实实是企业能够用来统一上下级员工愿景、使命和具体行为的重要工具和措施。故此，管理会计视角中道德和价值观的作用是非常巨大的。

从表面来看，道德和价值观确实是企业和个人应当遵循的准则和原则，但是从管理会计深层次的剖析，它们是商业社会和环境不断演进和发展的重要动力，也是企业和行业管理者不断为之奋斗的提高商业可信度的目标，同时也是企业在管理过程中重要的方向设定和目标一致的基础，我们应当以更深入的管理会计思维来看待道德和价值观，让它们在行业内培育出更多优秀的企业与个人，实现商业价值和社会价值的最大化。

参考文献

［1］水藏玺、吴平新：《年度经营计划制订与管理》，中国经济出版社2016年版。

［2］任俊正：《战略十讲》，中国发展出版社2016年版。

［3］周云：《采购成本控制与供应商管理》，机械工业出版社2016年版。

［4］施云：《供应链架构师——从战略到运营》，中国财富出版社2016年版。

［5］张凤林、汤谷良、卢闯：《全面预算管理2.0：解开管理者8大难题的钥匙》，机械工业出版社2017年版。

［6］叶金福：《IPO财务透视：方法、重点和案例》，机械工业出版社2014年版。

［7］叶金福：《从报表看舞弊：财务报表分析与风险识别》，机械工业出版社2018年版。

［8］程晓华：《制造业库存控制技巧》，中国财富出版社2016年版。

［9］携程技术中心：《大产品、小团队，携程敏捷技术和管理转型实

践》，电子工业出版社2018年版。

［10］龚巧莉：《全面预算管理案例与实务指引》，机械工业出版社2012年版。

［11］冯永华：《丰田精益管理：成本控制与管理（图解版）》，人民邮电出版社2015年版。

［12］郭永清：《财务报表分析与股票估值》，机械工业出版社2017年版。

［13］［日］铃木敏文：《零售的哲学》，顾晓琳译，江苏凤凰文艺出版社2014年版。

［14］［日］大野耐一：《大野耐一的现场管理》，崔柳等译，机械工业出版社2016年版。

［15］［日］盛田昭夫、下村满子：《日本制造》，周征文译，中信出版社2016年版。

［16］［日］小仓昌南：《黑猫宅急便的经营学》，毛文伟、李勤译，上海交通大学出版社2015年版。

［17］［日］酒卷久：《佳能成本管理5铁律》，孙庆媛译，中国人民大学出版社2012年版。

［18］［日］今井正明：《现场改善低成本管理方法的常识》，周健等译，机械工业出版社2010年版。

［19］［日］稻盛和夫：《稻盛和夫的实学：经营与会计》，曹岫云译，东方出版社2013年版。

［20］Gerardus Blokdyk. Activity – Based Costing ABC Standard Requirements. 5STARCooks，2018.

［21］Fatima，Mubeen. Comparison of ABC and Existing Costing. LAP Lambert Academic Publishing，2012.

［22］Michael E. Porter. Competitive Strategy. Free Press，2004.

［23］Robert S. Kaplan. Balanced Scorecard: Translating Strategy into Action. Harvard Business School Publishing, 1996.

［24］Harold Bierman, Seymour Smidt. Advanced Capital Budgeting: Refinements in the Economic Analysis of Investment Projects. Taylor & Francis Ltd, 2006.

| 后记 |

人人都是管理会计的实践者

很多人问我,谁最应当了解和学习管理会计?我的回答是,企业的所有人,无论职位高低,职能异同,人人都应当是管理会计的实践者。

我从事管理会计研究、教学和推广已经有十多个年头,平时也非常喜欢阅读各类管理和财务书籍。我最大的感受就是,无论从哪个维度来说,管理会计都是不断推动商业社会进步和企业经营发展的核心动力。在这个过程中,人扮演了极其重要的管理会计实践的角色。美国弗雷德里克·温斯洛·泰勒的科学管理理论,企业家和员工通过达到标准化、科学化的方式,去除了盲目的经验论,形成了公平现代管理制度,开创了企业成本管理和绩效管理的先河。日本丰田汽车公司的大野耐一,不断地调动丰田工厂工人和管理者的积极性和热情,形成了运营管理丰碑式的零库存和精益化生产模式。中国的家电领军企业海尔集团,总经理张瑞敏顶着压力,将不良品冰箱砸碎销毁,点醒了员工,提升了海尔的质量管理能力,最终成就了海尔家电的黄金品质。当我看到这些激动人心的案例时,一个问题油然而生:"管理会计最重要的问题是什么?"

答案很简单——人。无论是管理会计的技能、工具、体系还是思维,都离不开人。企业所有的经营决策和管理变革创新，都离不开人的思考、执行和推动。我们在社会上推进管理会计，在学校里普及管理会计教育，在企业中应用管理会计，都要充分发挥人的主观能动性，让人人都有机会接触管理会计，有意识地去利用管理会计，并充分理解到他所做的就是管理会计的某个分支或者模块，只有这样，才能在企业中消除职能之间的沟壑，在员工中消除对所谓高深财务或者运营知识的恐惧，在重要决策中消除管理者和被管理者彼此的偏见，真正能做到以人为本，按照管理会计的正确思路来发展、管理和运营企业。

日本精益化生产大师大野耐一在其晚年的时候，写下了这样一段感悟："没有人喜欢自己只是螺丝钉，工作一成不变，只是听命行事，不知道为何而忙，丰田做的事很简单，就是真正给员工思考的空间，引导出他们的智慧。员工奉献宝贵的时间给公司，如果不妥善运用他们的智慧，才是浪费。"丰田充分应用了员工的智慧，大幅度提高了产品的质量和运营的效率。而管理会计在中国的普及和发展何尝不是呢？如果让每个人都能具备基本的管理会计思维，用正确的方式来做正确的事情，那么每个人都能是管理会计师，每个企业都会是管理会计的最佳实践，这无疑将对中国的经济、商业和管理的发展起到巨大的推动作用。

作为管理会计领域的一名践行者，我也会坚持不断地将管理会计案例继续写下去，希望这些案例能在中国管理会计推广中尽一份微薄之力，影响更多的经营者、管理者和学生，提高他们对管理会计的理解和认知，让"人人都是管理会计的实践者"的时代早日到来。

杨　晔

2018 年 12 月 10 日于北京